北山楼金石遗迹
北山楼藏碑经眼百品

沈建中 编著

华东师范大学出版社
- 上海 -

图书在版编目（CIP）数据

北山楼金石遗迹·北山楼藏碑经眼百品 / 沈建中编著. —上海：华东师范大学出版社，2021
ISBN 978-7-5760-1190-6

Ⅰ.①北… Ⅱ.①沈… Ⅲ.①金石－拓本－中国－古代－图录 Ⅳ.①K877.22

中国版本图书馆CIP数据核字（2021）第028446号

北山楼金石遗迹·北山楼藏碑经眼百品

编　　著　沈建中
策划编辑　许　静
责任编辑　朱晓韵
责任校对　时东明
装帧设计　姚　荣

出版发行　华东师范大学出版社
社　　址　上海市中山北路3663号　邮编 200062
网　　址　www.ecnupress.com.cn
电　　话　021－60821666　行政传真 021－62572105
客服电话　021－62865537　门市（邮购）电话 021－62869887
地　　址　上海市中山北路3663号华东师范大学校内先锋路口
网　　店　http://hdsdcbs.tmall.com/

印 刷 者　上海盛通时代印刷有限公司
开　　本　787×1092　16开
印　　张　24.25
插　　页　2
字　　数　358千字
版　　次　2021年5月第1版
印　　次　2021年5月第1次
书　　号　ISBN 978-7-5760-1190-6
定　　价　138.00元

出 版 人　王　焰

（如发现本版图书有印订质量问题，请寄回本社客服中心调换或电话021-62865537联系）

施蟄存先生在北山樓　　沈建中　攝影

目錄

序引 I

周秦
　　石鼓文　二
漢
　　群臣上醻刻石　六
　　上谷府卿墳壇刻石　一〇
　　荊路公食堂畫像石題字　一二
　　陽嘉殘碑　一四
　　武氏左石室畫像並題字　一六
　　孔子見老子畫像並題字　一八
　　黃腸石弟九百　二二
　　甘陵相諱博殘碑　二四
　　沈君雙闕　二八
　　馬槽題字　三〇
　　太山黃神石　三二
魏
　　幽州刺史張普先君墓磚　三四

吳

衡陽太守葛祚碑額 三六

蜀

侍中楊公闕 三八

晉

鎮南將軍張永昌墓碣 四〇

廣野將軍和國仁墓碣 四二

晉武帝貴人左棻墓版 四四

揚州秣陵王氏磚 四六

沛國相張朗碑 四八

處士成晃墓版 五〇

驃騎將軍南陽堵陽韓府君殘闕 五二

本國功曹察孝石定墓版 五四

巴郡察孝騎都尉楊陽神道闕 五六

大司農關中矦鄭舒夫人劉氏墓版 五八

前秦

廣武將軍碑 六〇

後秦

遼東太守呂憲墓表 六四

宋

劉懷民墓誌銘 六六

梁

瘞鶴銘 七〇

北魏

侯太妃為亡夫廣川王賀蘭汗造像記 七四

平乾虎為太妃廣川王造像記 七六

南石窟寺碑 七八

齊郡王元祐造像記 八二

劉根等卌一人造像 八六

廣業寺主比丘慧雙造釋迦像碑 九二

比丘尼法光為弟劉桃扶造像記 九六

宋和等造像殘佛座　九八
西魏
　　車枕洛造四面佛像　一〇二
　　矣桃枝等合邑卌人造像碑　一〇八
　　董大醜等為元王崇禮兄弟五人造像記　一一〇
東魏
　　比丘洪寶造像銘　一一二
　　清信士合道俗九十人等造像記　一一六
　　清信女孫思香為亡息造像記　一二二
　　胡伯憐等卅七人造像碑　一二四
　　秦始侯等造像碑　一二八
北齊
　　法儀兄弟八十人造像記　一三四
　　趙郡王高叡更興定國寺靈塔記　一三八
　　比丘僧邑義等像記　一四二
　　前尚書嚴□順兄弟造四面龕像記　一四四
　　姜纂造像記　一四六
　　紀僧諧造像記　一四八
　　張思文造無量壽佛像記　一五二
　　邑師道略等造神碑尊像記　一五四
　　興聖寺造像碑　一五八
　　賈思業造玉像記　一六二
　　張思伯造像記　一六四
　　等慈寺武平造像記　一六八
　　孟阿妃造像記　一七二
　　河間尹道賢等造像題名　一七四
　　□捕參軍遼伯榮造像記　一七六
　　李豐德及妻皇甫造像記　一七七
北周
　　強獨樂為文皇帝造像碑　一七八
　　宇文恪造像記　一八二

檀泉寺宇文貞造像記　一八四
　　甘州刺史宋金保等十七人造像記　一八六
　　道民張□洛造老子像記　一八八
　　　　隋
　　　羅寶奴造像記　一九〇
　　　陳黑闥造像記　一九二
　　　魏涇州刺史孟顯達碑　一九六
　　　張信寶造觀音石像記　二〇〇
　　　鄧州大興國寺舍利塔下銘　二〇四
　　　龍華道場碑　二〇六
　　　太僕卿元公夫婦墓誌殘石　二一二
　　　雷音洞寶梁經　二一六
　　　　唐
　　　秦君莫造像　二二〇
　　　李義豐造像記　二二二
　　　薛仁貴造像記　二二六
　　　梵境寺舍利銘　二三〇
　　　天后御製願文殘石　二三二
　　　杜山威兄弟造觀世音菩薩像銘　二三六
　　　馮善廓造浮圖銘　二三八
　　　柱國史公石像銘　二四〇
　　　宣勞靺羯使崔忻造井記　二四二
　　　雲居寺李公石浮圖銘　二四四
　　　香積寺主淨業法師靈塔銘　二四八
　　　薦福寺思恒律師塔銘　二五二
　　　御製令長新誡　二五六
　　　大智禪師靈塔銘　二六〇
　　　嵩山會善寺淨藏禪師身塔銘　二六四
　　　栖巖寺智通禪師塔銘　二六六
　　　嵩山會善寺記　二七〇
　　　次付鳩摩羅馱比丘第十九　二七二

4

次付婆修槃陀第廿一 二七四

五代十國

後唐　恭川李崧題字 二七六

南唐　永興崇化寺西塔磚記 二七八

南漢　鄭惠□願家□平安造佛像一鋪記 二八二

南漢　宮人蘇英墓誌畫蓋 二八六

宋

大理卅七部石城會盟碑 二八八

宋廣平碑陰記 二九〇

杭州定山遊茂先題名 二九六

徽州修城磚記 二九八

傅二娘造石水筧題記 三〇〇

沙門法基造揚州井闌銘 三〇二

葉清臣題字"道卿獨來" 三〇四

劉誼題名 三〇六

張子經題名殘刻 三〇七

遼

宋暉造阿彌陀像記 三〇八

金

鞏縣超化寺住持智公塔銘 三一〇

鞏令牛承直題石窟寺詩 三一四

宴臺金國書碑 三一六

元

華亭縣井欄記 三二〇

敦煌莫高窟牓 三二二

重修沙州皇慶寺記 三二六

附錄一　北山樓藏碑諸家題識鈔　沈建中　錄存 328

附錄二　北山樓諸家治印作品選輯　沈建中　拓印　謙約居藏本 337

附錄三　"北窗"之學——《北山談藝錄》編後記 344

附錄四　海上書齋及其他——《北山談藝錄續編》編後記 352

附録五　《唐碑百選》編後小記 356

附録六　豫滬鴻雁金石緣——《北山致耕堂書簡》序言 360

附録七　施蟄存藏碑故事摭憶 368

附録八　關於《施蟄存集古文錄》選編設想 374

序引

　　本書是一部紙本形式的模擬展覽。

　　北山樓藏庋甚富，凡漢魏豐碑、晉唐巨幅、北魏造像、隋誌及宋刻題名，乃至摩崖、碣闕、塔銘、經幢，佳拓善本，具入篋衍，玩索考鏡，聊以寓心，亦為文娛，怡然自得。憶念曩歲，樓上南窗下，親承謦欬，時獲觀賞，循覽琳琅，幾許精逸妙品；先生別裁善鑒，慎護無失，歷歷如眼前也。曾幾何時，先生自遣幽獨之餘，顧念大義，"三復尋思，遂有志於編印《歷代碑刻文字圖鑒》之計，將欲使其留真於楮墨，廣布人間，或可使部分古碑，遺蛻於後世"，不為書法典型之臨摹資料，而重於石刻文獻之系統集錄；殊堪回味，但終未能完整展示。先生身後，旋斥售殆盡，輾轉打散。每入市廛見之，思之念之而又傷感其聚散飄忽矣，曷克臻此，不堪如山陽鄰笛之悲。

　　某晚枯坐凝思，恍似前塵舊夢，北山樓玩碑之樂猶在心目，先生不鄙淺陋而示意，再為余編本"談藝錄三集"。由是藹然宿願，惟蓄聚墨紙已流落江湖，能否復振，授諸墨版，非意所料，逡巡未敢進。彷徨中夜，倘能以經眼視角，按先生集藏意趣主導，取其博與雅一路要領，設法重聚舊藏，流垂傳景。即今儻來者，或易得者，實緣可遇不可求，且不克過於注意赫赫名碑、亦不能计较书法价值。先生著书，素有"百选""百话"之题名，予效法辑录"百品"，制作图录文本，藉为北山楼藏品留真，蕴其庐山面目之本色，俾仰止於弗替。

　　既定目标，乞援哀撮旧藏碑版，撮存留影，有待择用。爰下班余晷，殚心访求，每每瞻顾，摩挲抚对，珍奇瑰丽，藻缋炳蔚，心向所往摄景，却可仰而不克跂也。如是徒增难度，仿佛自讨苦吃而已。然西谚有云，最困难之时，就离成功不远之日。复承继起藏家慨然许之，发箧相示，悉力供给，以备采摭，一瓻之馈，奚啻百朋之锡矣；再谛视老辈互赠墨本之友情，遥思德业，前贤风流不可及；与得其东鳞西爪而竞相矜秘，岂能等量齐观欤。又检点琅笈，旧日储景，寥寥缩影，虽罗致可数，但积少益夥；历年斯录，百品在手，遂成就计画。盖至久而以勤补拙经营，致力於诠释方式，从展现理想、图像设计、规划布局，尤讲究虚拟拓本之视觉感、可读耐读之趣味性，非精琢细磨难以达意焉。

　　辑录厥成，恍若旧觏矣。交付剞劂，纵不盈帙，然副墨流布，长留景象；况刊皆属先生曾弄品种，鳞爪弥可珍视，亦足以尝鼎一脔，犹能述扬北山楼藏碑事略，庶备观赏鸿痕云尔。

　　　　　岁次庚子纯月廿一日，沈建中识於浦东陆家嘴世界金融大厦

石鼓文　　篆書　十石

裱本為板夾冊裝。吳氏儀漢齋藏乾隆時期傳拓本，附阮氏積古齋嘉慶二年縮摹天一閣藏宋拓本。

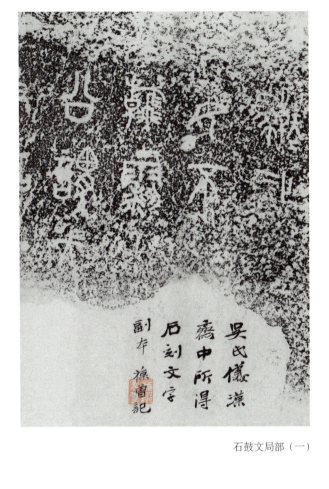

石鼓文局部（一）

石鼓文局部（二）

附阮氏石鼓文縮摹本局部、石鼓次第、拙存題跋

群臣上醻刻石　　又稱"趙婁山刻石"　篆書　趙二十二年八月丙寅（文帝後元六年）

整紙裱本經折裝，無錫曹衡之百漢石墨之室舊藏。

群臣上醻刻石

漢趙廿二年摩崖在直隸永年縣婁山道光中郎楊兆璜守廣平訪得之沈西雝文翠軒筆記云是石趙時所勒張少薇金石聚以為趙武靈王時物謂史記趙世家武靈王廿二年乃周報王元年正月朔為癸未推壬八月朔為丁亥十六日壬寅其時趙得中山四邑趙郡邯鄲去婁山甚近或群臣於此上壽目而刻石紀功之篆字刻二家長說而定為漢時趙王遂所刻張漢丞趙王有廿二年八月丙寅者民五遂廿二年在文帝後六年八月兩寅謂諸侯皆自紀其國年歲如五鳳二年刻石並稱魯廿四年是其例此刻僅有趙紀年而不冠以漢初諸侯王年者明是文帝時未有年號之故或謂西漢時趙國時屬邯鄲易陽相襄國廣平國並非趙地不知趙為漢藩所過之地皆可題刻即論書體已由篆變隸雅近元朔之公山碑与周秦文字相較筆畫迴弦不同其為漢初石刻更要可憑者斯

宣統三年九月次廬跋於百漢石墨之宝　【印】

群臣上醻刻石拓本題跋（一）

群臣上醻刻石拓本題跋（二）

上谷府卿墳壇刻石　　篆書　居攝二年二月

上谷府卿墳壇刻石

荆路公食堂畫像石題字　　分書　天鳳三年

古鳳監拓本。

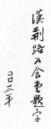

漢荆路公食堂畫塼字 吕三平

荆路公食堂畫像石題字

陽嘉殘碑

陽嘉殘碑　　分書　有碑陰　陽嘉二年

舊托裱二紙本，陽湖楊幼雲差不貧于古齋、順德羅復堪三山簃遞藏。

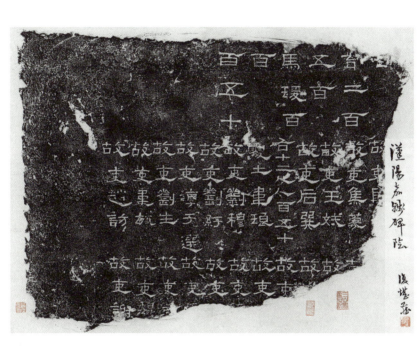

陽嘉殘碑碑陰

武氏左石室畫像並題字

武氏左石室畫像並題字　　分書　無年月

新出一石本，儀徵汪鋆硯山十二硯舊藏。

武氏左石室畫像並題字局部

孔子見老子畫像並題字　　分書　無年月

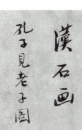

孔子見老子畫像局部（一）

孔子見老子畫像並題字局部（二）

孔子見老子畫像並題字局部（三）

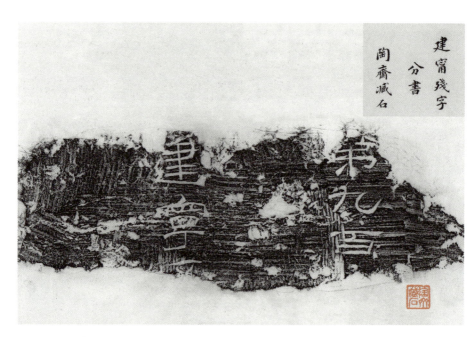

黃腸石弟九百

黃腸石弟九百　　分書　　建寧二年

浭陽端午橋陶齋傳拓本。

黄腸石弟九百局部

甘陵相諱博殘碑　　分書　無年月

托裱舊本。

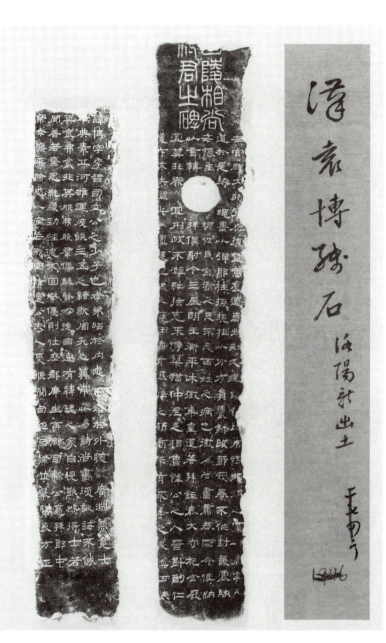

甘陵相諱博殘碑

甘陵相諱博殘碑碑額

甘陵相諱博殘碑局部

漢　北山楼金石遺迹　二八

沈君雙闕

沈君雙闕　分書　無年月　二紙本

恭城馬君武舊藏。

沈君雙闕左右闕碑額、馬君武題簽和鈐印

馬槽題字

馬槽題字　　分書　　無年月

硃拓本，會稽周氏鳳皇專齋藏本。

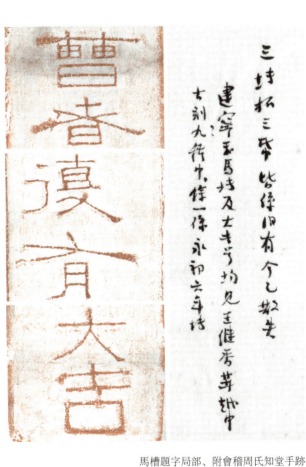

馬槽題字局部、附會稽周氏知堂手跡

太山黄神石

太山黄神石 　分書　無年月

濰縣陳介祺簠齋傳拓本。

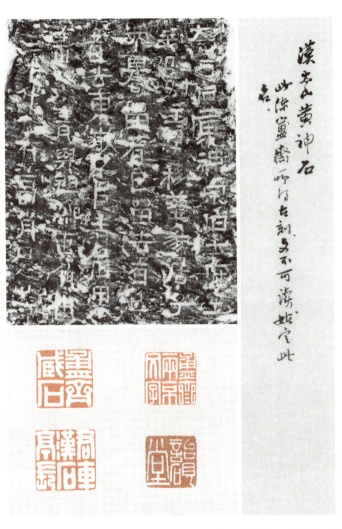

太山黃神石局部、拓本鈐印之一"簠齋藏石""君車漢石亭長""簠齋兩京文字"及"韻堂"

魏 / 北山樓金石遺迹 / 三四

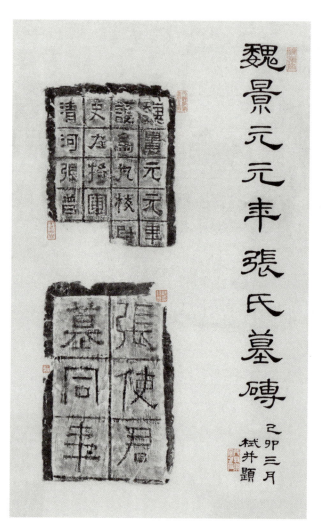

幽州刺史張普先君墓磚

幽州刺史張普先君墓磚　　分書　　景元元年

經折裝裱本，大興傅杙學府堂傳拓本，紹興陶心雲稷山館、吳興周湘舲夢坡室遞藏。

魏景元年張氏墓磚

同治末都人掘地得魏景元年張氏墓磚大小數十出其文有三行者未見拓本行字不詳二行者行四字文曰張使君兄墓同年造四行者行八字文曰魏景元年使持節護烏九校尉幽州刺史左將軍安樂鄉侯清河張普先君之墓磚界棋局格如勒進碑式書法在鍾楷之間古雅可愛後不想見鍾梁字體魏專世少見如此缺足珍也按三國志青龍中母邱儉以幽州刺史使持節領護烏九校尉曰始七年遷左將軍王雄以幽州刺史加護烏九校尉杜恕以使持節領護烏九校尉幽州刺史少領護蓋魏景閒幽州刺史多領護也按宗書志前漢置使持都節音世使持節為上得殺二千石以下又案通典左將軍一人第三品諸州刺史六百石第五品幽州頒郡國十一治涿護烏九部尉一人此二十石弟四品治廣寧晉書地理志廣甯郡下注云故上谷太守中置郡而職官志但云雜號將軍蓋其時仍魏制若燕國閻柔以烏九司馬遷護校尉雍奴田豫持節護校尉皆居使燕也普當見幽統下人如漁陽鮮于輔鄒都尉居之刺史領校尉則自治涿也普當見幽統下人如漁陽鮮于輔以左渡逐將軍封亭集鎮撫本州者蓋在其地魏晉士大夫墓多隊本里否者為世譏非史傳紀者也張普里貫行事及他人紀載闕其人仕官不為不達故當時於其兄墓上特書張史君兄墓以普名位顯赫期其兄當附以傳乃不聞千載山後名氏同派二也蹟姬工繡鄭姬善相婦人女子一技之絕乃足千古士夫耻沒世無稱者正未可以名位為是矧其長沙賀又愚此部得數專於都攜以入閩予從宦得其二手抁文字慨然有慨因書誌业
心雲道兄雅鑒大興傅栻

幽州刺史張普先君墓磚拓本傅栻題跋

衡陽太守葛祚碑

衡陽太守葛祚碑額　　正書

獨山莫氏影山草堂傳拓本，川沙沈均初漢石經室藏本。

莫友芝题签、拓本钤印"同治戊辰秋莫友芝監拓"，
沈均初钤印"鄭齋金石記"

蜀

北山樓金石遺迹

三八

侍中楊公闕

侍中楊公闕　　分書　　無年月

托裱舊本，桐城張祖翼磊盦舊藏。

拓本题记"蜀残阙"并印"磊翁",
拓本钤印"遜先所得金石"

鎮南將軍張永昌墓碣

鎮南將軍張永昌墓碣 　分書　有碑陰　泰始四年七月三日

托裱本，鹿原劉海天畊鋤草堂舊藏。

鎮南將軍張永昌墓碣誌陰

廣野將軍和國仁墓碣

廣野將軍和國仁墓碣　　分書　　太康五年十一月十九日

膠西柯氏傳拓本，會稽周氏鳳皇專齋藏本。

廣野將軍和國仁墓碣局部、附會稽周氏知堂手跡

晉武帝貴人左棻墓版（一）

晉武帝貴人左棻墓版　　分書　兩面刻　永康元年四月二十五日

合拓一紙本。

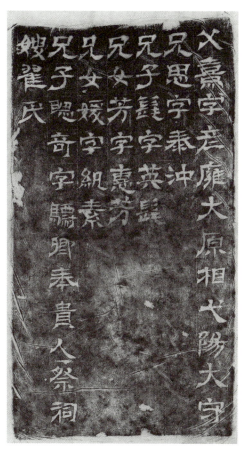

晋武帝贵人左棻墓版（二）

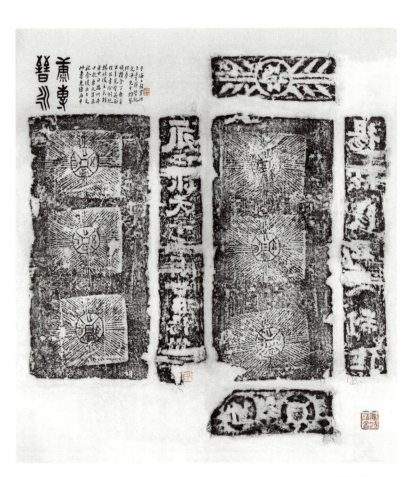

揚州秣陵王氏磚

揚州秣陵王氏磚　　反書陰刻　永康元年五月二十日

六面整紙全形拓本，上虞羅叔蘊宸翰樓傳拓本，紹興陶心雲稷山館藏本。

揚州秣陵王氏磚拓本羅振玉題跋、鈐印"面城精舍""振玉之印"

沛國相張朗碑

沛國相張朗碑 分書 有碑額並碑陰 永康元年十二月

托裱本。

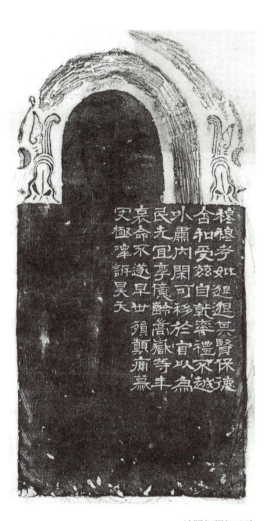

沛國相張朗碑陰

晉

北山樓金石遺迹

五〇

處士成晃墓版

處士成晃墓版　　分書　元康元年七月十六日

處士成晃墓版局部

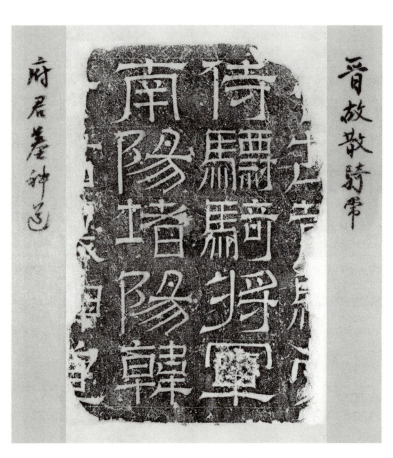

驃騎將軍南陽堵陽韓府君殘闕

驃騎將軍南陽堵陽韓府君殘闕　　分書　無年月

按：先生攷為永寧元年。

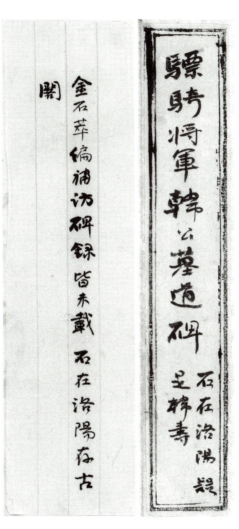

驃騎將軍南陽堵陽韓府君殘闕拓本舊藏者題簽題跋

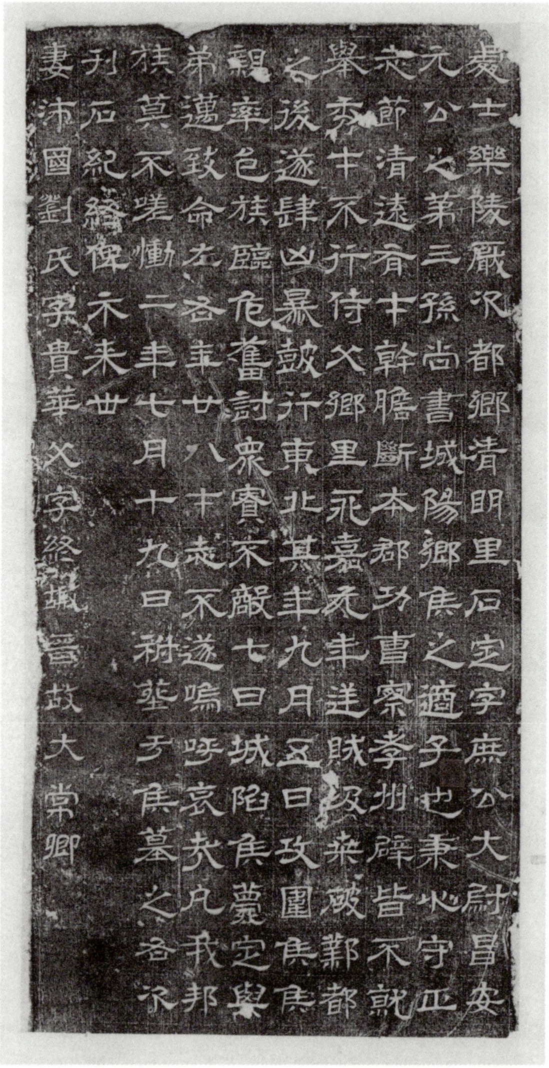

處士樂陵厭次都鄉清明里石定字庶公大尉昌安
元公之第三孫尚書城陽鄉侯之適子也秉心守正
志節清遠有才幹膽斷本郡功曹察孝州辟皆不就
舉秀才不行侍父鄉里永嘉元年遭賊汲桑破鄴都
之後遂肆凶暴鼓行東北其年九月五日攻圍侯侯
親率邑族臨危奮討衆寡不敵七日城陷侯薨定與
弟邁致命左右年廿八才志不遂嗚呼哀哉凡我邦
族莫不嗟慟二年七月十九日祔葬于侯墓之右永
刊石紀終傳示來世
妻沛國劉氏字貴華父字終城晉故大常卿

本國功曹察孝石定墓版

本國功曹察孝石定墓版　　分書　永嘉二年七月十九日

托裱本，靖江謝承炳舊藏。

本國功曹察孝石定墓版局部

五五

北山樓藏碑經眼百品

晉

晉 北山楼金石遺迹 五六

巴郡察孝騎都尉楊陽神道闕

巴郡察孝騎都尉楊陽神道闕　　分書　隆安三年十月十一日

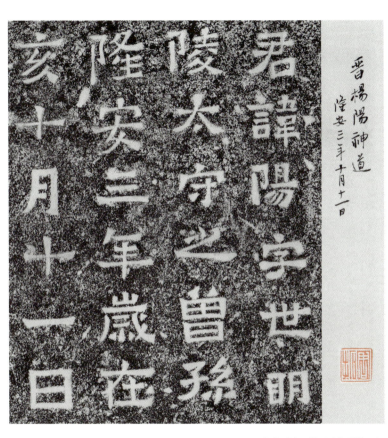

巴郡察孝騎都尉楊陽神道闕局部

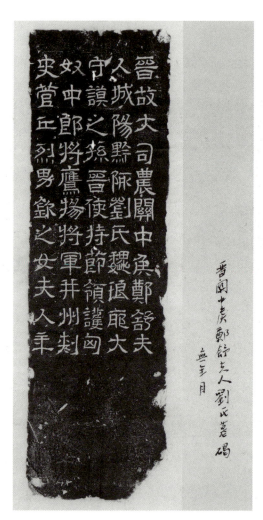

大司農關中矦鄭舒夫人劉氏墓版

大司農關中矦鄭舒夫人劉氏墓版　　分書　　無年月

大司農關中矦鄭舒夫人劉氏墓版局部

廣武將軍碑　　分書　有碑額碑陰碑側　建元四年十月一日

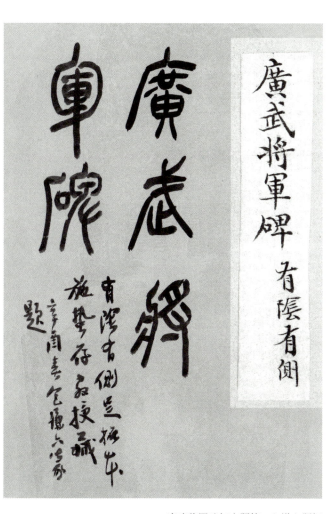

廣武將軍碑拓本題簽、包謙六題記

前秦

北山楼金石遗迹

廣武將軍碑

廣武將軍碑局部

遼東太守呂憲墓表（甲本）

遼東太守呂憲墓表　　分書　弘始四年十二月二十七日

按：有復本甲乙。

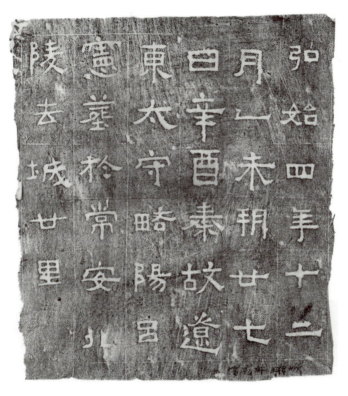

遼東太守呂憲墓表（乙本）

劉懷民墓誌銘　　正書　大明八年正月甲申

整紙裱本經折裝，紹興陶心雲稷山館、無錫曹次盦遞藏。

劉懷民墓誌銘

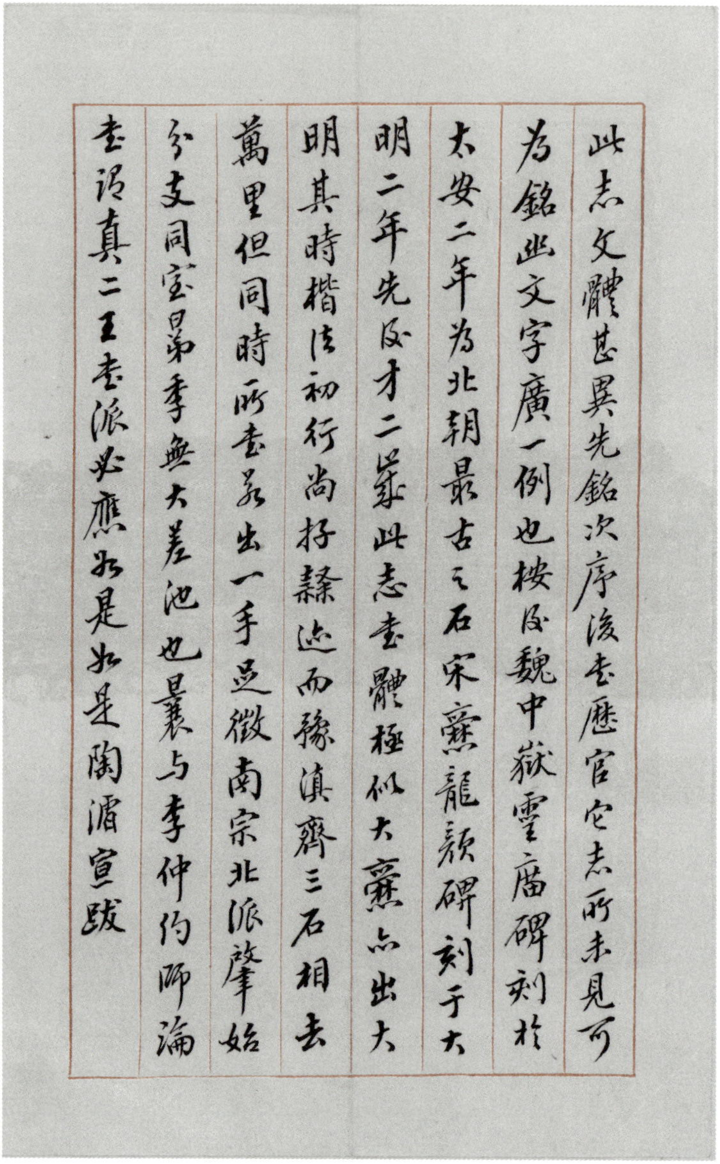

此志文體甚異先銘次序後志歷官它志所未見可
為銘此文字廣一例也按及魏中嶽靈廟碑刻於
太安二年為北朝最古之石宋齊龍顏碑刻于大
明二年先及才二歲此志書體極似大齊此出大
明其時楷法初行尚扵縠迷而豫滇齊三石相去
萬里但同時所書果出一手足徵南宗北派肇始
分支同室昆弟季無大差池也曩与李仲約師論
書謂真二王書派必應於是此是陶濬宣跋

劉懷民墓誌銘陶濬宣題跋

宋劉懷民墓誌銘曹銓題跋

宋鎦懷民墓誌石題渡陽托涇洛氏按懷民不見北宋吝其子善明南齊書及南史俱有傳惟南史善明父稱懷人而志石作懷民此可據以正史傳立失又傳稱懷民宋世為齊北海二郡太守所云腋宮為志相符羅氏摸玉戬云此志平原字徽洲量不作源羅氏之說也華山非西嶽乃兼不注山元和郡縣志云此一名兼山在山東歷城郡東北石出歷城郡間在北地正與志合句齊臧名記彖此志云訪歡臻多如第十四行佐下存言旁諦縣是詣字又缺一字米略字徐下非知字是如字又沕貧字是左字弟十五行首闕一字是本字弟十六行邹下沕今審出龍驤將軍斷脆凡六字盍匈齊時此石時邈三行已湯漶蓝石記致不能諦此本為最初精揭故明晰如此校勘一過忻快何極 丙辰夏正秦月次庵記

瘗鶴銘　　華陽真逸撰　上皇山樵書　無年月

南陵徐積餘隨庵舊藏水前拓五石本，附清"焦山勝境全圖"。

瘞鶴銘拓本徐乃昌題記、鈐印

梁　北山樓金石遺迹

瘞鶴銘拓本之第四紙

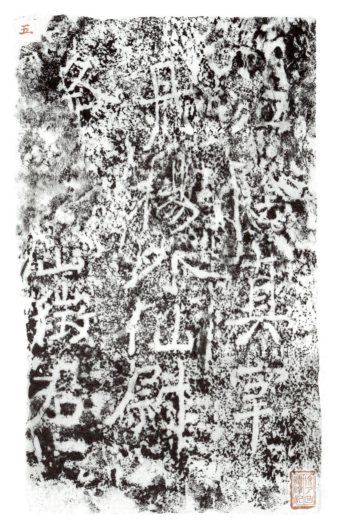

瘞鶴銘拓本之第五紙

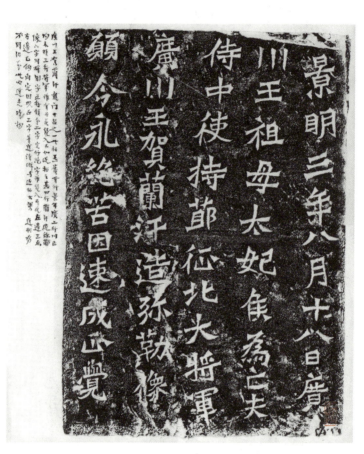

侯太妃為亡夫廣川王賀蘭汗造像記

侯太妃為亡夫廣川王賀蘭汗造像記 （洛陽龍門山景明造像記 十五段選二種之一） 景明三年八月十八日

銅梁王瓘孝禹藏精拓本。

廣川王賀蘭汗龍門廿品之一此拓甚舊首行景明廣二行川正均未損三行將軍唯有石花筧八石如此拓之甚四行蘭汗愍綠勤儉心字同將軍字亦有顏全二字完好絕字雖筧入有花左邊三点有邊已鈎尚完五成正三字筆意清晰與近拓大異 近拓方不同於古此必道走晴物

侯太妃為亡夫廣川王賀蘭汗
造像記王孝禹拓本題跋、鈐印

平乾虎為太妃廣川王造像記

平乾虎為太妃廣川王造像記　（洛陽龍門山景明造像記　十五段選二種之二）　　無年月

杭州項藻馨竹景居舊藏。

平乾虎為太妃廣川王造像
記拓本局部、項藻馨鈐印

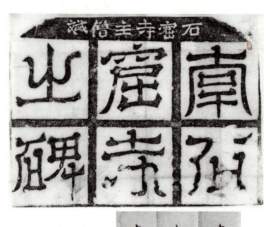

南石窟寺碑碑額、马君武题签和钤印

南石窟寺碑　　有碑額碑陰　　永平三年四月十四日
三紙初拓本

恭城馬君武舊藏。

南石窟寺碑

北魏

北山楼金石遗迹

八〇

南石窟寺碑局部

南石窟寺碑碑陰

齊郡王元祐造像記　（洛陽龍門山熙平造像記四段選一種）　熙平二年七月二十日

銅梁王瓘孝禹藏精拓本。

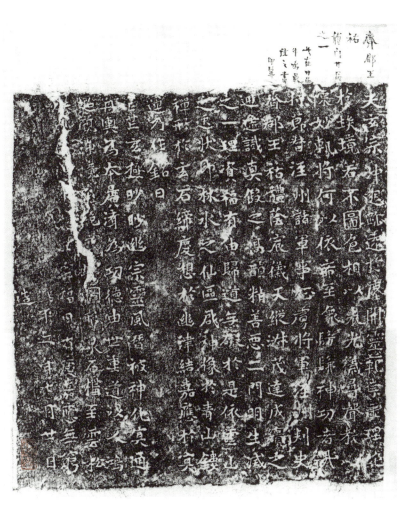

齊郡王元祐造像記

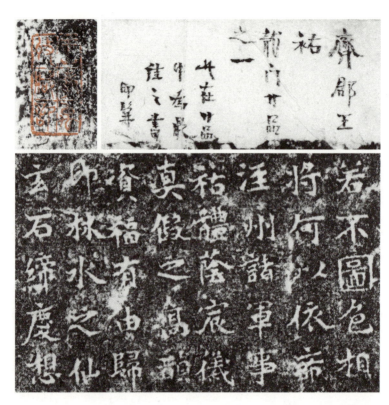

齊郡王元祐造像記局部

胡士瑩为
《洛陽龍門山北魏造像題記五十品集釋》題籤

劉根等卅一人造像　　正光五年五月三十日

永年武慕姚貞默齋藏本。

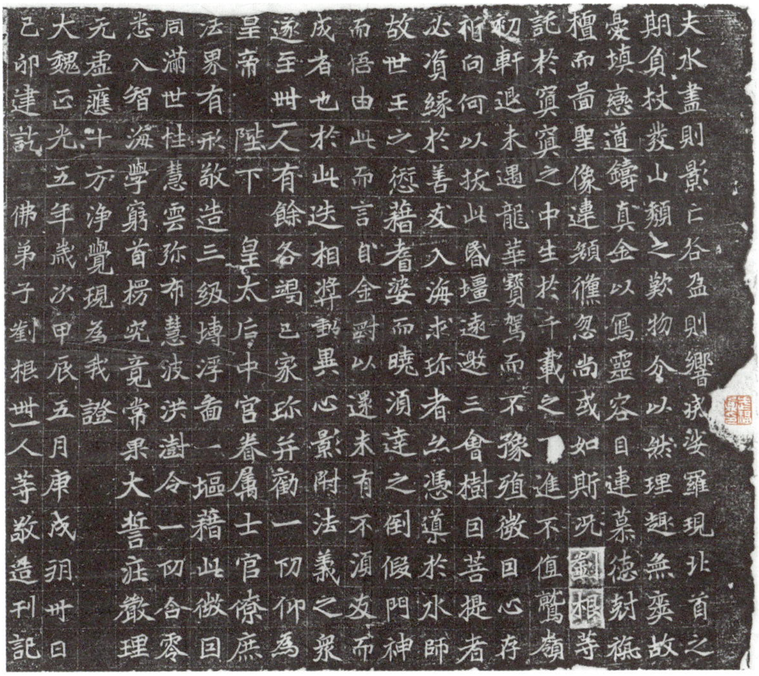

夫水盡則影亡谷盈則響發茲娑羅現此首之
期負杖類之歎物令以然理越無奠故
晏填貞道鑄真金以寫靈容目連慕德射徠
檀而冒聖像連頰儴忽尚或如斯況
訖於實賓之中生於千載之不值驚嶺
軒迴末遇龍華贊駕而不豫殖日微菩薩等
必資緣何以扮此督入海求珠逾三會提
行向於悳籍婆而晦者么憑導於心存
故悟王之言文壇遠邇之假於水師者
而也目金剔以遘未珠會道門神布
成者由此述相將到異心影附法義之眾
遂至卅人有餘相謂已家珎弁勸一仰為
皇帝陛下各家珎弁勸一仰為
法界有承敬造皇太后中官眷屬士官僚庶
同滿世柱慧雲三級博浮畫一堰藉山徽囯
悲入智海學窮彌布彌洪洞令一切合零
元盡應十方淨覺現成我證竟常果大誓旌徹理
大魏正光五年歲次甲辰五月庚戌朔卅日
己卯建詄佛弟子劉根卅一人等敬造刊記

劉根等卅一人造像右段

北魏

北山楼金石遗迹

八八

劉根等卅一人造像中段

劉根等卌一人造像左段

北魏

北山楼金石遗迹

九〇

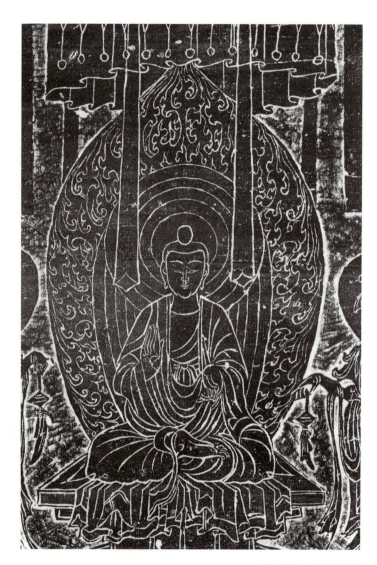

刘根等卅一人造像局部

劉根等卅一人造像武慕姚題跋、拓本鈐印

廣業寺主比丘慧雙造釋迦像碑　　永安三年七月十一日

會稽顧燮光金佳石好樓舊藏。

廣業寺主比丘慧雙造釋迦像碑

北魏 　北山楼金石遺迹　九四

廣業寺主比丘慧雙造釋迦像碑上截

廣業寺主比丘慧雙造釋迦像碑下截

比丘尼法光為弟劉桃扶造像記

比丘尼法光為弟劉桃扶造像記　（洛陽龍門山
普泰造像記　七段選一種）　普泰二年四月八日
竟泉精拓本，梅石山館藏本。

比丘尼法光為弟劉桃扶造像記局部

宋和等造像残佛座右段

宋和等造像残佛座　　无年月

分拓四纸本，皆题名。

宋和等造像残佛座中段

宋和等造像残佛座左段

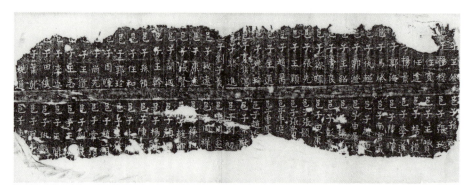

宋和等造像残佛座背面

宋和等造像残佛座局部

北山楼藏碑经眼百品

北魏

車枕洛造四面佛像　　四面刻　大統元年四月

全形整紙拓本，吳江翁大年、南陵徐積餘隨庵遞藏。

車枕洛造四面佛像之一

車枕洛造四面佛像之二

車枕洛造四面佛像之三

西魏 北山楼金石遗迹 一〇六

車枕洛造四面佛像之四

車枕洺造四面佛像拓本秦更年題簽題跋

西魏

北山楼金石遗迹

一〇八

俟桃枝等合邑卌人造像碑

俟桃枝等合邑卌人造像碑　　碑正一纸本　大统四年十二月二十六日

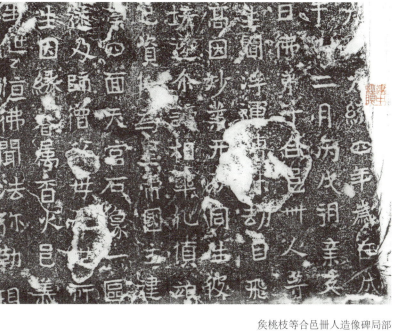

矣桃枝等合邑卌人造像碑局部

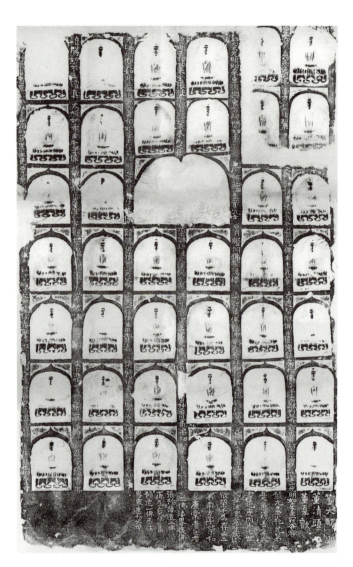

董大醜等為元王崇禮兄弟五人造像記

董大醜等為元王崇禮兄弟五人造像記　　無年月

按：先生攷為西魏時期，附西魏末。

董大醜等為元王崇禮兄弟五人造像記局部

比丘洪寶造像銘 又稱"張法壽造像記" 天平二年四月十一日

開封李白鳳蟬盫藏本。

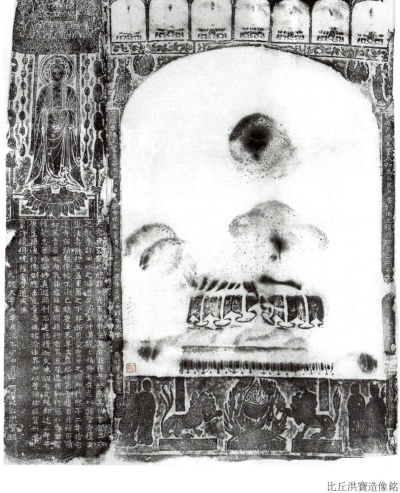

比丘洪寶造像銘

東魏

北山樓金石遺迹

一一四

比丘洪寶造像銘局部（一）

比丘洪寶造像銘局部（二）

清信士合道俗九十人等造像記　武定元年七月二十七日

整紙全形拓本。

清信士合道俗九十人等造像記局部（一）

清信士合道俗九十人等造像記局部（二）

清信士合道俗九十人等造像記局部（三）

東魏

北山樓金石遺迹

一二〇

清信士合道俗九十人等造像記局部（四）

清信士合道俗九十人等造像記局部（五）

清信女孫思香為亡息造像記

清信女孫思香為亡息造像記 （洛陽龍門山東魏造像記　十一段選一種）　天平四年正月二十一日

銅梁王瓘孝禹藏精拓本。

李白凤为《王孝禹藏龙门造像精拓本·六册》题签

胡伯憐等卅七人造像碑　　無年月

據攷爲東魏時所刻，附東魏末。

胡伯憐等卅七人造像碑

東魏

北山楼金石遗迹

一二六

胡伯憐等卅七人造像碑碑額

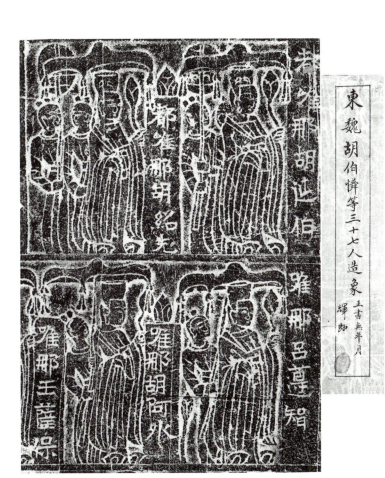

胡伯憐等卅七人造像碑局部

秦始侯等造像碑　　無年月　二紙本

據攷東魏時所刻,附東魏末。

秦始侯等造像碑上截

東魏

北山楼金石遺迹

一三〇

秦始侯等造像碑下截

秦始侯等造像碑局部（一）

秦始侯等造像碑局部（二）

秦始侯等造像碑局部（三）

法儀兄弟八十人造像記　天保八年三月二十二日

浭陽端午橋陶齋傳拓本，金山姚石子復廬舊藏。

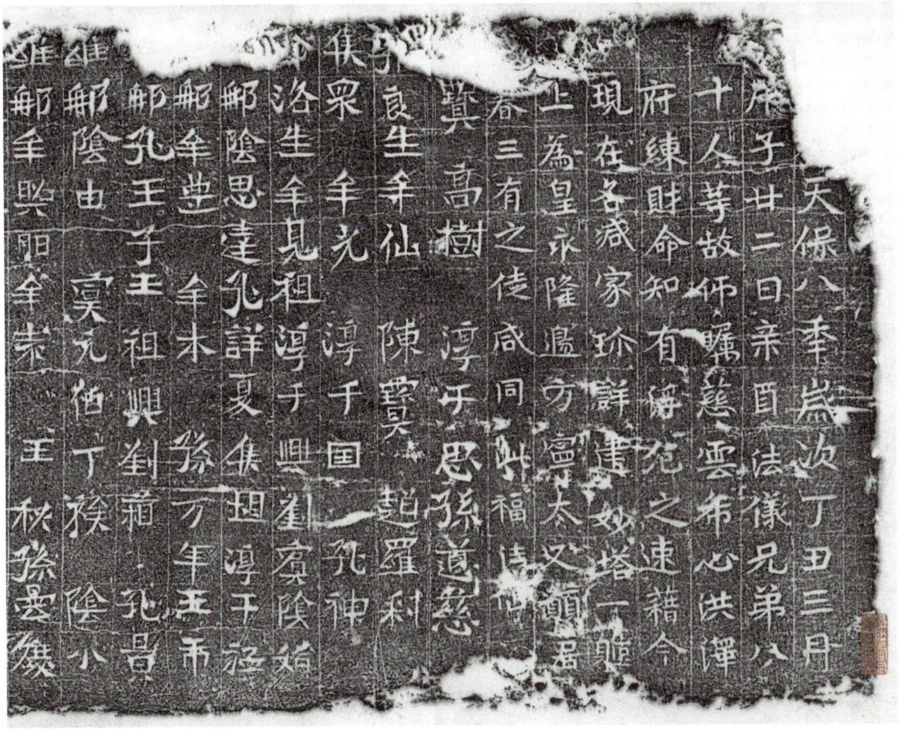

天保八秊歲次丁丑三月
子廿二日亲自法儀兄弟八
十人等故知師驅慈雲布心洪潤
府練時命有海化之速藉令
現在各藏家珎詳建妙塔一躯
上為皇永隆咸同斟福悰
冀三有之徒陳寶趙羅利
良生辛仙 淳于思孫道慈
眾生辛見祖 淳于興雀窨陁始
浴生辛元祖淳千國
郗陰思達孔詳夏發囬淳于徑
郗辛逆孔 萃木 孫万秊王市
郗陰孔王子王 祖興劉前孔昌
郗辛興由 竇元 佃丁猴
雒辛與阳 辛榮 王秋孫婁僉

法儀兄弟八十人造像記右段

北齊

北山樓金石遺迹

法儀兄弟八十人造像記中段

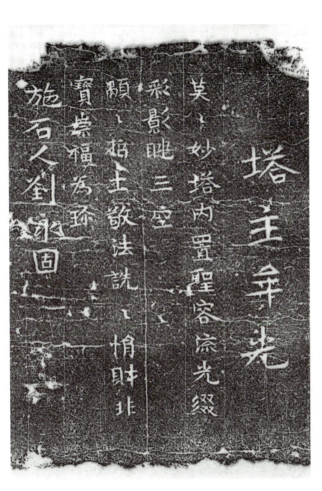

法儀兄弟八十人造像記左段

趙郡王高叡更興定國寺靈塔記題簽

趙郡王高叡更興定國寺靈塔記 又稱"祁林山寺碑""定國寺碑" 天保八年六月十五日

長洲葉昌熾緣督廬、貴池劉之泗畏齋遞藏。

趙郡王高叡更興定國寺靈塔記局部（一）

北齊　北山楼金石遺迹　一四〇

趙郡王高叡更興定國寺靈塔記局部（二）

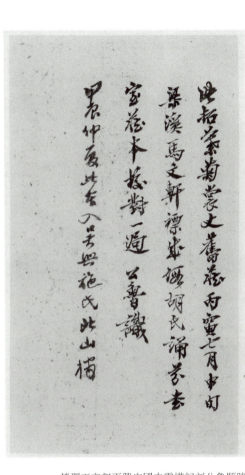

趙郡王高叡更興定國寺靈塔記劉公魯題跋

北齊

北山樓金石遺迹

比丘僧邑義等造像記

比丘僧邑義等造像記　　殘石　乾明元年七月十五日

托裱本,金山姚石子復廬舊藏。

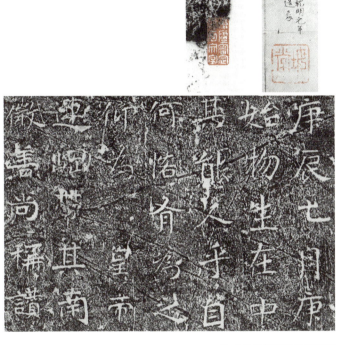

比丘僧邑義等造像記局部

一四三

北山楼藏碑经眼百品

北齊

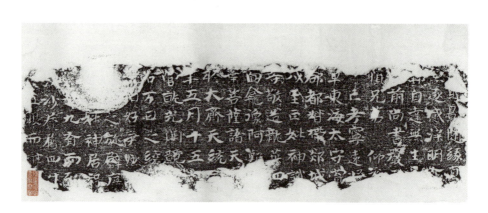

前尚書嚴□順兄弟造四面龕像記

前尚書嚴□順兄弟造四面龕像記　　天統元年五月十五日

托裱本，濰縣陳介祺簠齋、金山姚石子復廬遞藏。

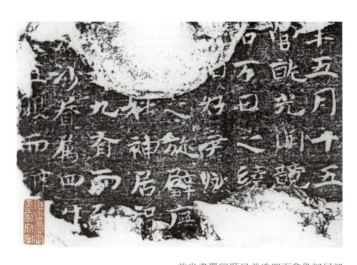

前尚書嚴□順兄弟造四面龕像記局部

姜纂造像記　　天統元年九月八日

會稽章碩卿式訓堂舊藏。

姜纂造像記拓本鈐印"碩卿珍賞"

紀僧諮造像記　　天統三年正月十二日　　有清翁方綱題刻

秀水沈子培海日樓、潮陽陳運彰玉延樓遞藏。

紀僧諂造像記

北齊

北山樓金石遺迹

一五〇

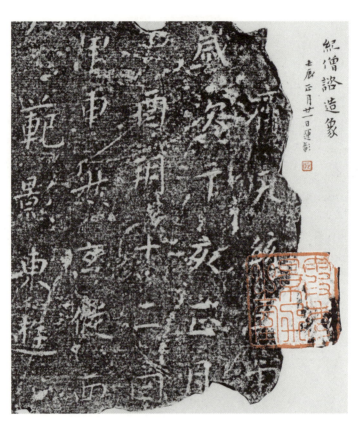

紀僧諧造像記陳運彰題記 "紀僧諧造象
壬辰正月廿一日運彰"並印"正行",沈子培鈐印"霞秀景飛之室"

紀僧諧造像
記附清翁方綱題刻

張思文造無量壽佛像記第一段

張思文造無量壽佛像記　　殘石　承光元年正月十五日

分拓二紙本，金山姚石子復廬舊藏。

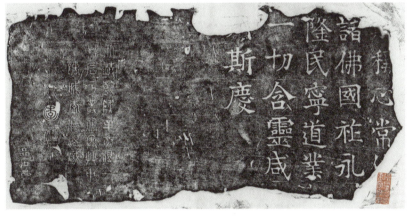

張思文造無量壽佛像記第二段

邑師道略等造神碑尊像記　　武平二年九月十五日　舊拓本

邑師道略等造神碑尊像記

邑師道略等造神碑尊像記局部（一）

邑師道略等造神碑尊像記局部（二）

興聖寺造像碑　　武平三年三月十八日

興聖寺造像碑

北齊 北山樓金石遺迹 一六〇

興聖寺造像碑碑額

興聖寺造像碑局部

賈思業造玉像記

賈思業造玉像記　　武平四年十一月三十日

濰縣陳介祺簠齋傳拓本。

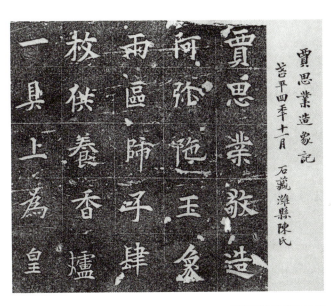

賈思業造玉像記局部

張思伯造像記　　武平五年四月十二日

溮陽端午橋陶齋藏本。

張思伯造像記

北齊

北山樓金石遺迹

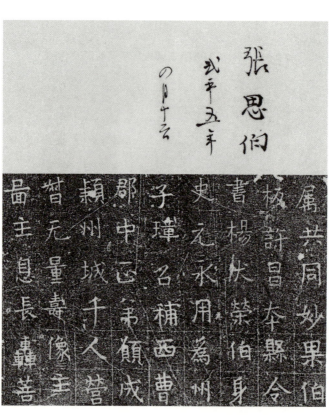

張思伯造像記局部（一）

張思伯造像記局部（二）

等慈寺武平造像記　　殘石　武平五年十月　附
清道光年間題刻

等慈寺武平造像記

等慈寺武平造像記局部

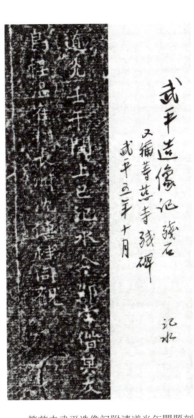

等慈寺武平造像記附清道光年間題刻

北齊　北山樓金石遺迹

孟阿妃造像記

孟阿妃造像記　　武平七年二月二十三日

會稽章碩卿式訓堂舊藏。

孟阿妃造像记拓本题记、钤印"會稽章氏宛委山
館鑑藏金石書畫之印""碩卿珍賞"

河間尹道賢等造像題名

河間尹道賢等造像題名

按：未見年月，附北齊末。同治甲戌伏日付裝本，高邑李筱雲求放心齋舊藏。

河間尹道賢等造像題名拓本題簽和局部

□捕參軍遷伯榮造像記、附王孝禹藏龍門造像精拓本第一冊題簽鈐印

□捕參軍遷伯榮造像記 （洛陽龍門山魏齊無年月造像記　九十四段選二種之一）

銅梁王瓘孝禹藏精拓本。

李豐德及妻皇甫造像記

李豐德及妻皇甫造像記 （洛陽龍門山魏齊無年月造像記　九十四段選二種之二）

銅梁王瓘孝禹藏精拓本。

強獨樂為文皇帝造像碑　　有額正書陽文　元年丁丑（閔帝元年）

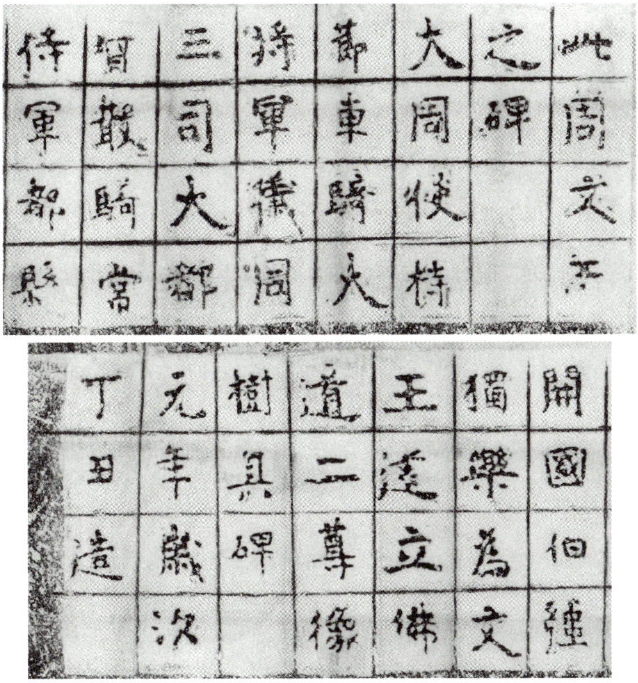

此周文□
之碑使持
大周儀同大
節車騎將軍儀同大
詩將軍儀同
三司大都
散騎常
侍軍都縣

開國伯強
獨樂為文
王逼立佛
道二尊像
樹具碑
元年歲次
丁丑造

強獨樂為文皇帝造像碑額

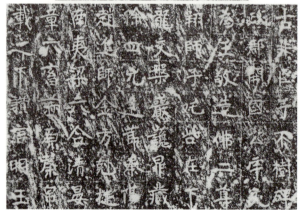

強獨樂為文皇帝造像碑局部（一）

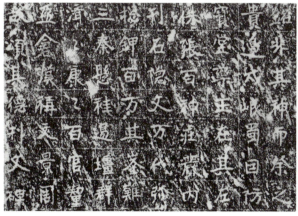

強獨樂為文皇帝造像碑局部（二）

北周

北山楼金石遗迹

宇文恪造像记　　残石　三年正月八日

宇文恪造像記局部

北周　北山楼金石遗迹　一八四

檀泉寺宇文貞造像記右段

檀泉寺宇文貞造像記　保定二年九月二十六日
三段合拓一紙本

檀泉寺宇文貞造像記中段

檀泉寺宇文貞造像記左段

北周 北山楼金石遗迹

甘州刺史宋金保等十七人造像記

甘州刺史宋金保等十七人造像記　　天和元年十一月二十日

金山姚石子復廬舊藏。

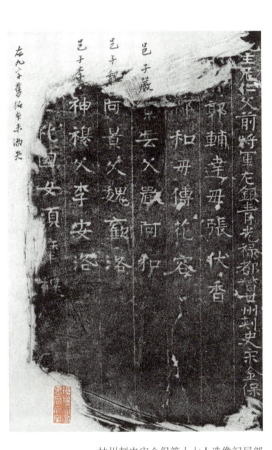

甘州刺史宋金保等十七人造像記局部

北周

北山楼金石遗迹

一八八

道民張□洛造老子像記

道民張□洛造老子像記　天和二年十一月八日

托裱本，寧波周氏四明石室藏本。

道民張□洛造老子像記局部

隋 北山楼金石遗迹 一九〇

羅寶奴造像記

羅寶奴造像記　　開皇十三年五月二日

托裱本，蘭溪劉焜甓園舊藏。

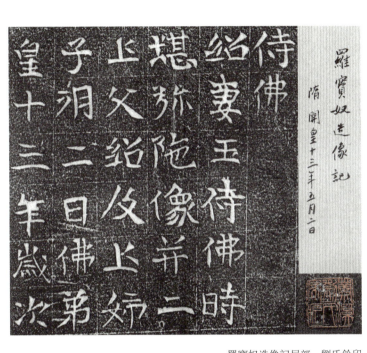

羅寶奴造像記局部、劉氏鈐印

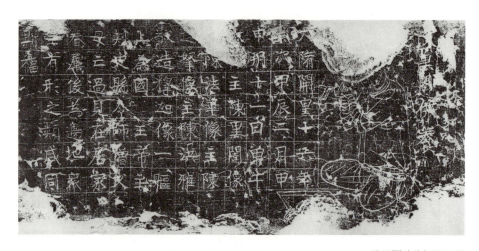

陳黑闥造像記第一段

陳黑闥造像記　　開皇十六年二月十一日

與趙暉造像記合拓一紙本，儀徵汪鋆硯山《十二硯齋金石過眼錄》著録。

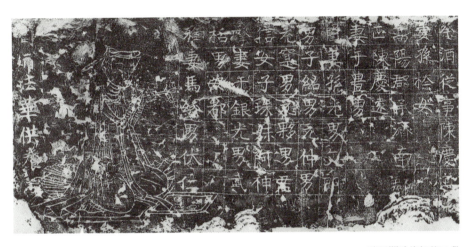

陳黑闥造像記第二段

隋

北山楼金石遗迹

一九四

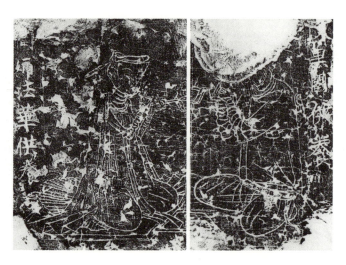

陳黑闥造像記局部

趙暉造像記殘石

魏涇州刺史孟顯達碑　　有額篆書　開皇二十年十月二十八日

整紙全形拓本。

魏涇州刺史孟顯達碑

隋

北山楼金石遗迹

一九八

魏涇州刺史孟顯達碑額

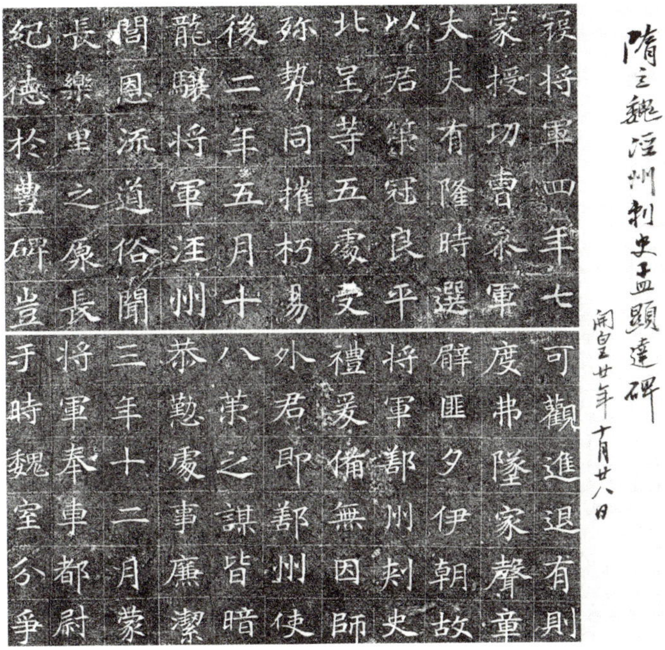

隋□魏涇州刺史孟顯達碑　開皇廿年十月廿八日

魏涇州刺史孟顯達碑局部

張信實造觀音石像記　　開皇□年三月十五日

分拓三紙本，會稽顧燮光金佳石好樓舊藏。

張信寶造觀音石像記第一段

張信寶造觀音石像記第二段

張信寶造觀音石像記第三段

鄧州大興國寺舍利塔下銘

鄧州大興國寺舍利塔下銘　　仁壽二年四月八日

沈氏石華館等遞藏，寧波周氏四明石室藏本。

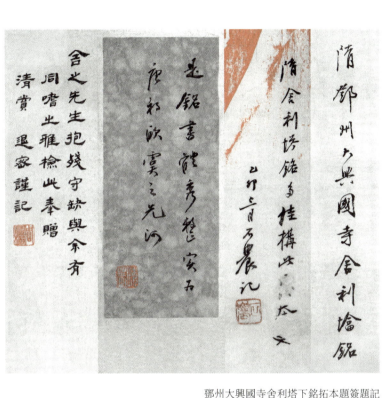

鄧州大興國寺舍利塔下銘拓本題簽題記

龍華道場碑　　有額篆書　　仁壽三年

剪裱線裝合刊本"隋龍華碑　隋寇文約修孔子廟碑　北周曹恪碑"之一種，涵九、開封李白鳳蟬盫遞藏。

北朝及隋唐人額書往往與此佛頭著冀殊貴人解英漢魏間符則不然其額書莫不与碑文相稱者

龍華道場碑額之一

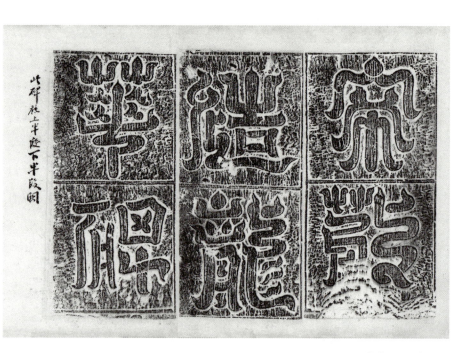

龍華道場碑額之二

龍華道場碑局部（一）

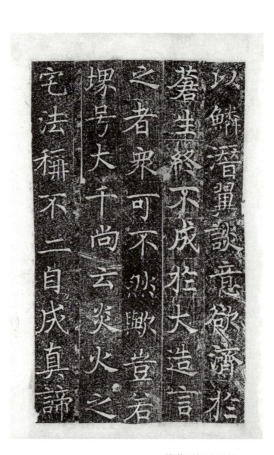

龍華道場碑局部（二）

龍華道場碑局部（三）

太僕卿元公夫婦墓誌殘石　　大業十一年八月二十四日

殘石三段拓本。

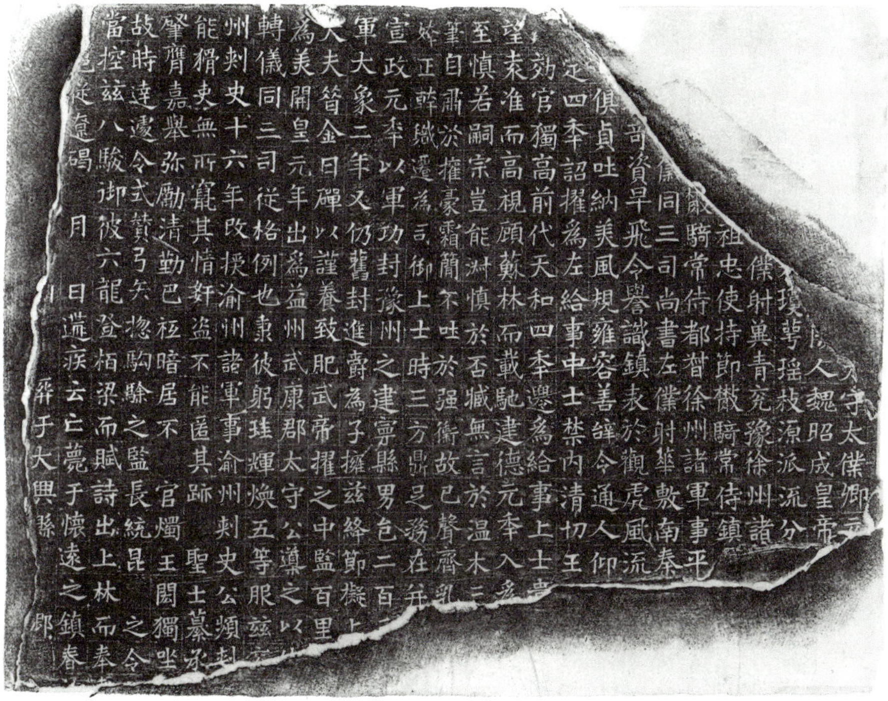

太僕卿元公墓誌銘殘石第一段

太僕卿元公墓誌銘殘石第二段

太僕卿元公墓誌銘殘石第三段

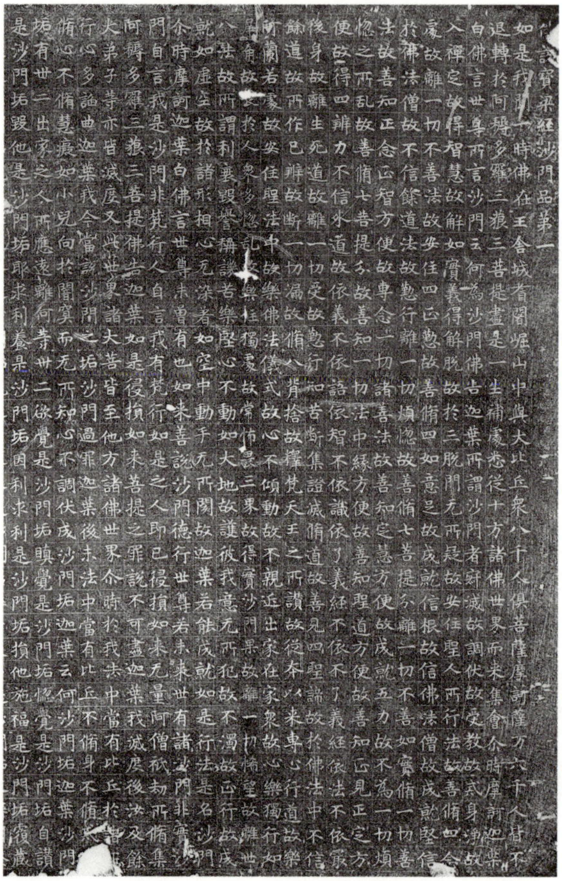

雷音洞寶梁經局部（一）

雷音洞寶梁經　無年月

宝梁経

雷音洞寶梁經局部（二）

雷音洞寶梁經局部（三）

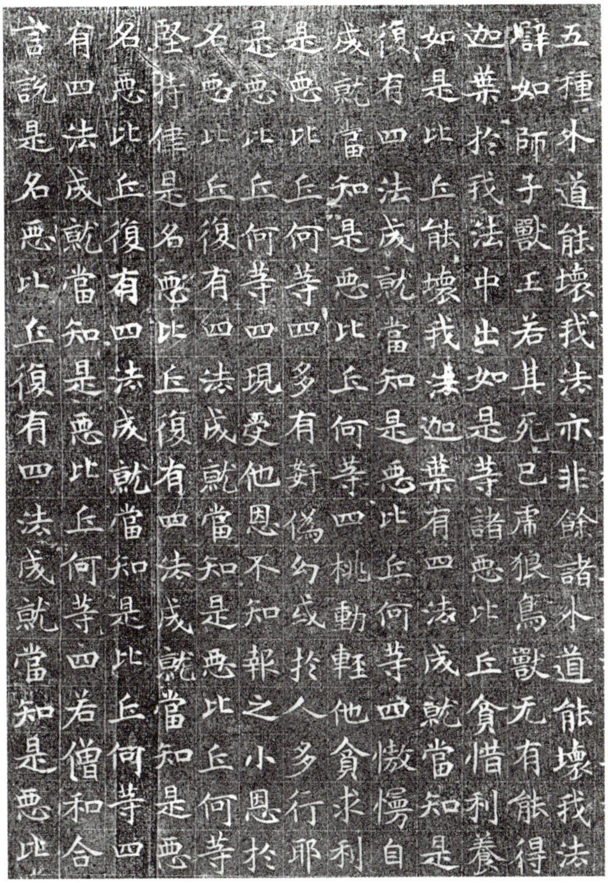
五種外道能壞我法亦非餘諸外道能壞我法
譬如師子獸王若其死已虎狼鳥獸无有能得
迦葉於我法中出如是等諸惡比丘貪惜利養
如是比丘能壞我法迦葉有四法成就當知是
復有四法成就當知是惡比丘何等四慠慢自
成就當知是惡比丘何等四桃動輕他貪求利
是惡比丘何等四多有姧偽幻惑於人多行耶
是惡比丘何等四現受他恩不知報之小恩於
名惡比丘復有四法成就當知是惡比丘何等
堅持律是名惡比丘復有四法成就當知是惡
名惡比丘復有四法成就當知是比丘何等四
有四法成就當知是惡比丘何等四若僧和合
言說是名惡比丘復有四法成就當知是惡比

雷音洞寶梁經局部（四）

秦君莫造像

秦君莫造像　三面刻　乾封元年十月十一日

山陰范鼎卿循園、會稽顧燮光金佳石好樓遞藏。

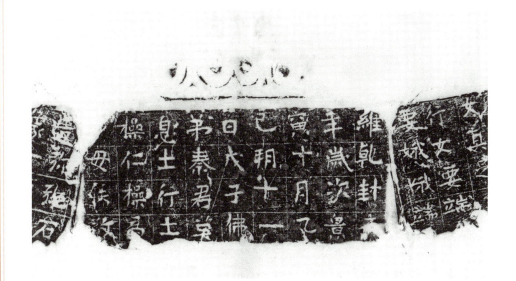

秦君莫造像局部

李義豐造像記　咸亨元年十二月二十二日

砾拓本，寧波周氏四明石室藏本。

李義豐造像記整紙之一、二

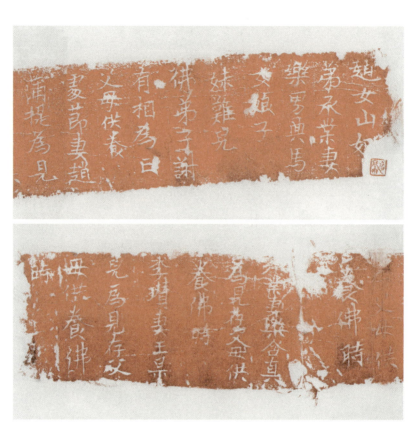

李義豐造像記整紙之三、四

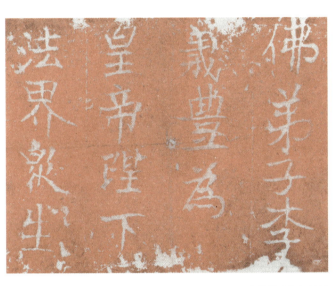

李義豐造像記局部

薛仁貴造像記 （洛陽龍門山咸亨造像記　四段選一種）　咸亨四年五月

托裱本，元和錢氏仁壽堂藏本。

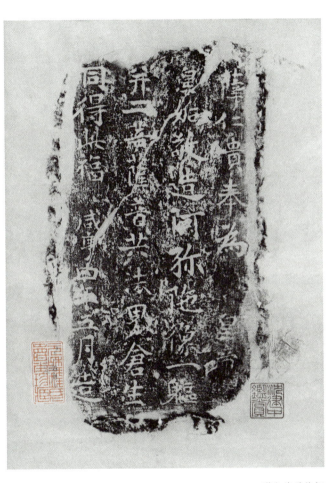

薛仁貴造像記

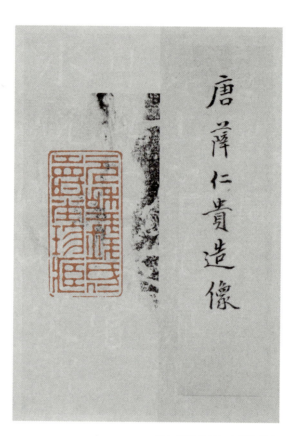

薛仁貴造像記拓本題籤鈐印

附胡士莹为《洛阳龙门山唐人造像三十品集释》题签

梵境寺舍利銘

梵境寺舍利銘　　張毅撰　　儀鳳三年四月八日

梵境寺舍利铭局部

天后御製願文殘石　　王知敬書　有額篆書　永淳二年九月

鄭州崔氏耕堂藏本。

天后御製願文殘石

唐 北山楼金石遗迹

天后御製願文殘石碑額

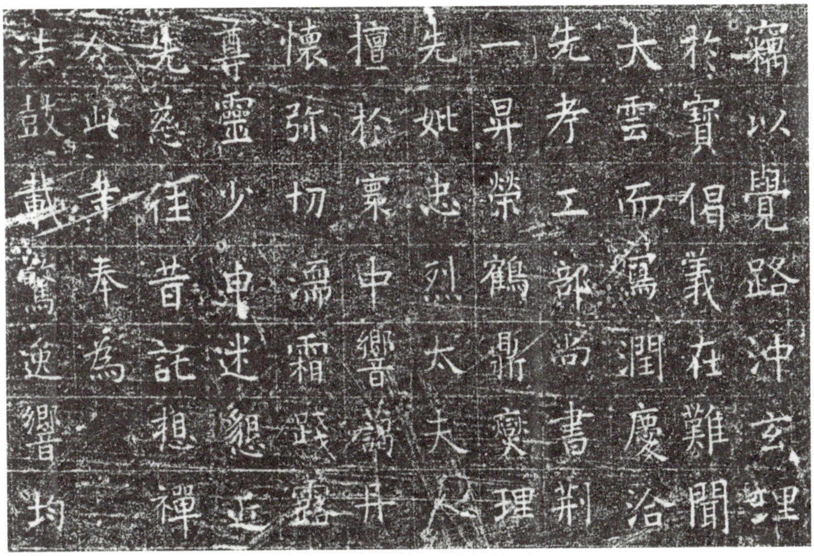

天后御製願文殘石局部

北山樓藏碑經眼百品

唐

杜山威兄弟造觀世音菩薩像銘

杜山威兄弟造觀世音菩薩像銘　　天授二年九月七日

杜山威兄弟造觀世音菩薩像銘局部

馮善廓造浮圖銘

馮善廓造浮圖銘　　趙顗撰　姚璟書　萬歲通天二年四月十四日

北流陳柱守玄閣舊藏。

馮善廓造浮圖銘拓本題記、鈐印

柱國史公石像銘

柱國史公石像銘 延和元年七月十囗日

柱國史公石像銘局部

宣勞靺鞨使崔忻造井記題簽

宣勞靺鞨使崔忻造井記　　開元二年五月十八日

整紙裱本為板夾經折裝，潮陽陳運彰玉延樓藏本。

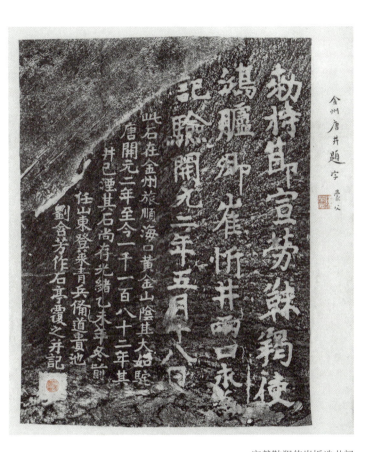

宣勞靺鞨使崔忻造井記

雲居寺李公石浮圖銘　　梁高望撰並行書　開元十年四月八日

順德鄧實風雨樓藏本。

雲居寺李公石浮圖銘

唐 北山楼金石遗迹

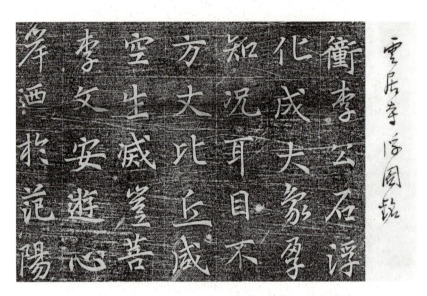

雲居寺李公石浮圖銘局部

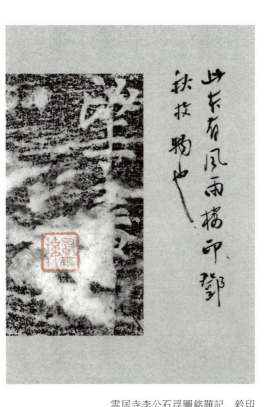

雲居寺李公石浮圖銘題記、鈐印

香積寺主淨業法師靈塔銘　畢彥雄撰　開元十二年六月十五日

香積寺主淨業法師靈塔銘

香積寺主淨業法師靈塔銘局部(一)

香積寺主淨業法師靈塔銘局部（二）

薦福寺思恒律師塔銘　　常□□撰　開元十四年十二月十三日

薦福寺思恒律師塔銘

薦福寺思恒律師塔銘
曾祖明周左監門大
節洪州諸軍事行洪
美江海之靈係丞相
律師稟正真之氣含
見戲則聚沙為塔冥
大德入太原寺而持
興聖教者其在茲乎
壇[illegible]脩素律師新蹤
覺路也如來金口之
以宗聖跡也乃陟方
所以昭靈應也嘗致
所以濟群品也造菩

薦福寺思恒律師塔銘局部（一）

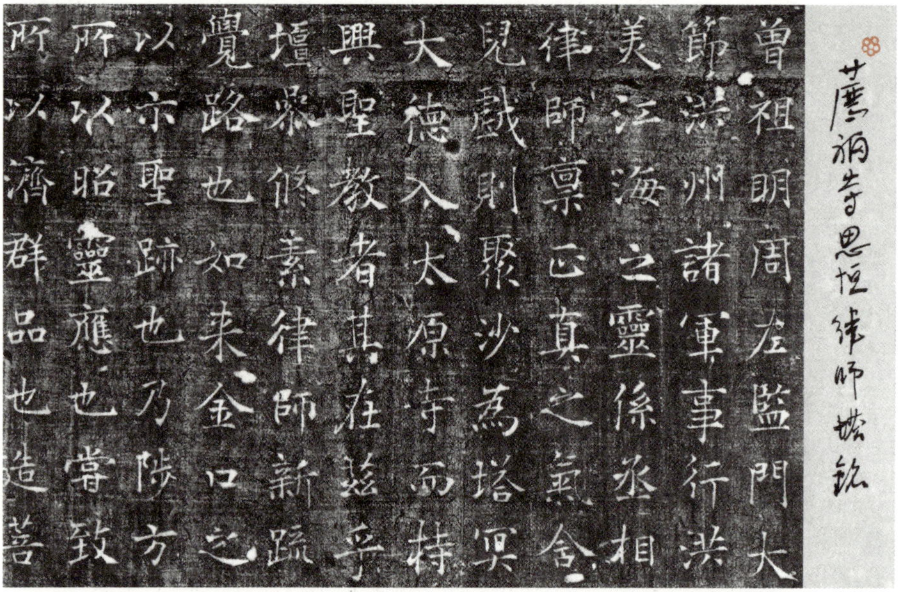

薦福寺思恒律師塔銘局部（二）

御製令長新誡　　王良輔書　有額分書　開元二十四年二月七日

御製令長新誡

唐　北山楼金石遗迹　二五八

御製令長新誡碑额

御製令長新誡局部

大智禪師靈塔銘　　杜昱撰　開元二十四年七月六日

大智禅师灵塔铭

大智禪師靈塔銘局部（一）

大智禪師靈塔銘局部（二）

嵩山會善寺淨藏禪師身塔銘

嵩山會善寺淨藏禪師身塔銘　天寶五載十月二十六日

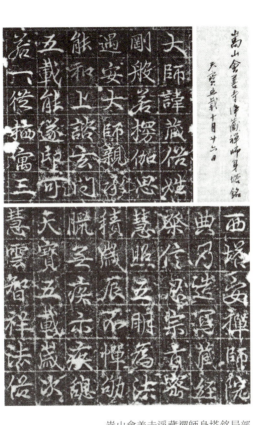

嵩山會善寺淨藏禪師身塔銘局部

栖巖寺智通禪師塔銘　　沙門復珪撰　行書　天寶十三載六月三日

栖巖寺智通禪師塔銘

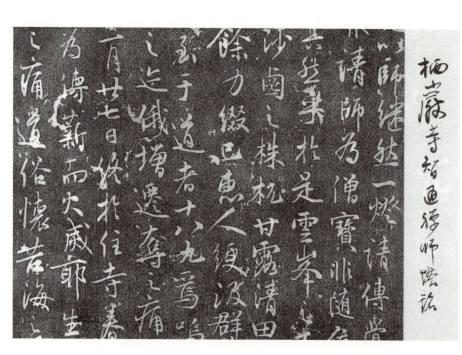

栖巖寺智通禪師塔銘局部（一）

栖巖寺智通禪師塔銘局部（二）

嵩山會善寺記

嵩山會善寺記　　殘石　　王凝撰並行書　　有額篆書

據《金石錄》元和九年八月。開封李白鳳蟬盦藏本。

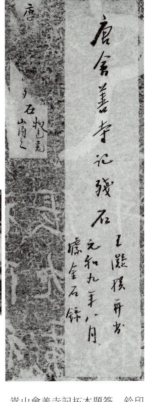

嵩山會善寺記拓本題簽、鈐印

次付鳩摩羅馱比丘第十九

次付鳩摩羅馱比丘第十九 （涅槃經殘刻　三段選二）　洛陽龍門山　無年月

次付鳩摩羅馱比丘第十九局部

次付婆修槃陁第廿一

次付婆修槃陁第廿一 （涅槃經殘刻　三段選二）

次付婆修槃陁第廿一局部

恭川李崧題字

後唐　恭川李崧題字　　無年月

托裱本。

恭川李崧题字局部

南唐　永興崇化寺西塔磚記　　中興元年七月二十四日　二紙本

廣州李尹桑大同石佛龕傳拓本，揚州吳載龢師李齋舊藏。

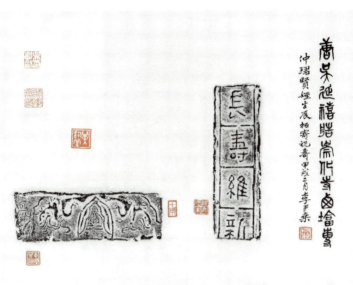

永興崇化寺西塔磚記

永興崇化寺西塔磚記局部（一）

永興崇化寺西塔磚記局部（二）

南漢　鄭惠□願家□平安造佛像一鋪記　　乾和四年正月三日

騰衝李根源曲石精廬傳拓本，鎮江陳邦福墨迻舊藏。

鄭惠□願家□平安造佛像一鋪記右段

五代十国　北山楼金石遗迹　二八四

鄭惠□願家□平安造佛像一鋪記中段

鄭惠□願家□平安造佛像一鋪記左段

宫人蘇英墓誌畫蓋

南漢　宫人蘇英墓誌畫蓋　行書　大寶十一年五月二十五日

順德蔡哲夫寒瓊水榭傳拓本，歙縣黃氏濱虹草堂、南海黃慕韓劬學齋遞藏。

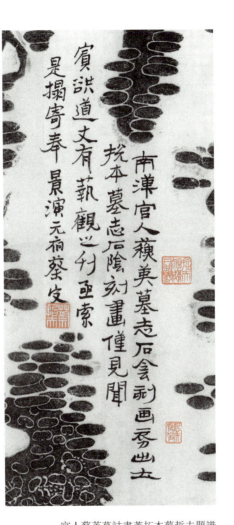

宮人蘇英墓誌畫蓋拓本蔡哲夫題識

大理卅七部石城會盟碑

大理卅七部石城會盟碑　明政三年（宋開寶四年）

大理卅七部石城會盟碑清道光二十九年題刻

宋廣平碑陰記　　米芾撰並書　元祐三年九月

平湖張處芳舊藏。

宋廣平碑陰記

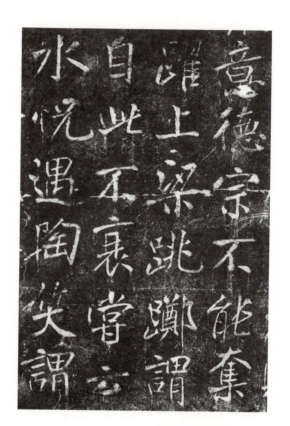

宋廣平碑陰記局部（一）

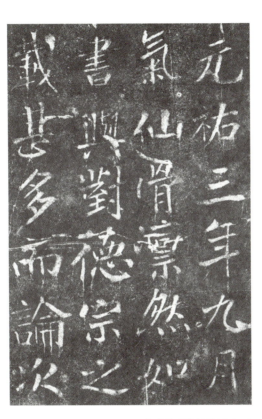

宋廣平碑陰記局部（二）

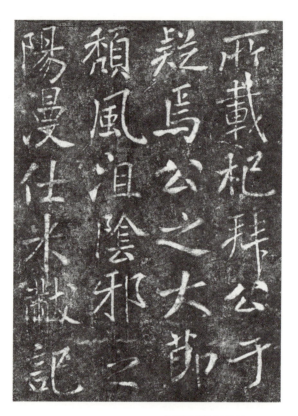

宋廣平碑陰記局部（三）

宋廣平碑陰記拓本張處芳題簽、鈐印

杭州定山遊茂先題名

杭州定山遊茂先題名　元符二年八月二十六日
附蘇軾題名　無年月
寧波周氏四明石室藏本。

杭州定山遊茂先題名局部

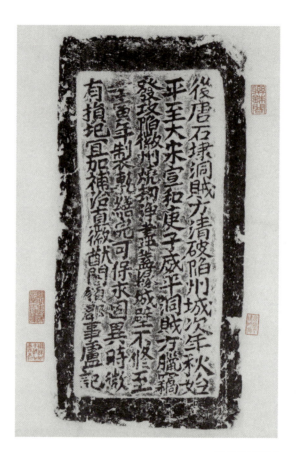

徽州修城磚記

徽州修城磚記　　宣和四年

梁谿黃懷覺傳拓本，雲間朱孔陽聯銖閣藏本。

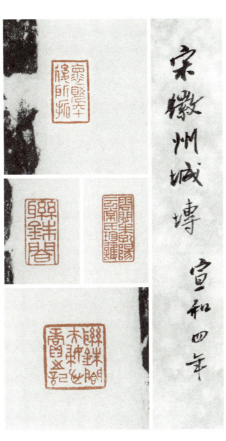

徽州修城磚記拓本鈐印

傅二娘造石水筧題記

傅二娘造石水筧題記　　紹定三年七月中元

南海羅原覺道在瓦齋傳拓本。

傅二娘造石水筧題記局部羅氏題記和鈐印

沙門法基造揚州井闌銘

沙門法基造揚州井闌銘　　嘉熙四年

臨桂况夔笙蘭雲夢樓傳拓本。

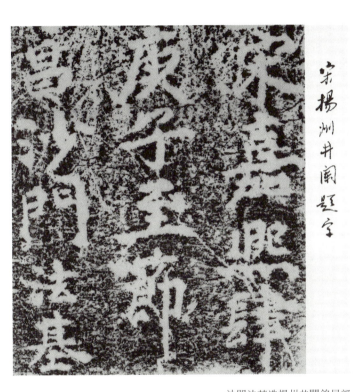

沙門法基造揚州井闌銘局部

葉清臣題字"道卿獨來" （青田石門宋人題刻二十八段選三種之一） 無年月

葉清臣題字

劉誼題名

劉誼題名 （青田石門宋人題刻　二十八段選三種之二）　熙寧七年五月

張子經題名殘刻

張子經題名殘刻 （青田石門宋人題刻 二十八段選三種之三） 大觀□年十二月十……

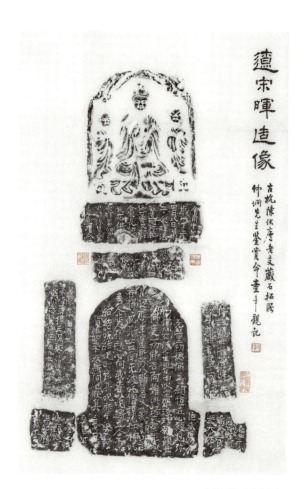

宋暉造阿彌陀像記

宋暉造阿彌陀像記　　會同十年四月八日

杭縣陳漢第伏廬傳拓本，揚州吳載龢師李齋舊藏。

宋暉造阿彌陀像記局部、吳氏題記

鞏縣超化寺住持智公塔銘　　僧寶乘書　　大定十六年四月

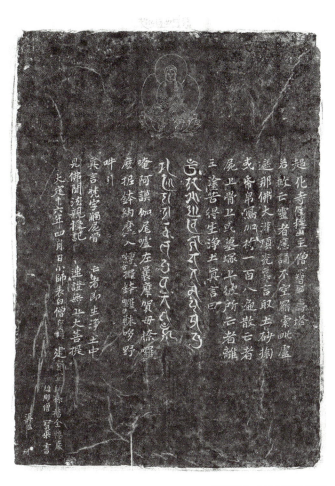

鞏縣超化寺住持智公塔銘

鞏縣超化寺住持智公塔銘局部

鞏縣超化寺住持智公塔銘拓本小識

鞏令牛承直題石窟寺詩

鞏令牛承直題石窟寺詩 大定十九年季冬二十日

開封李白鳳蟬盦藏本。

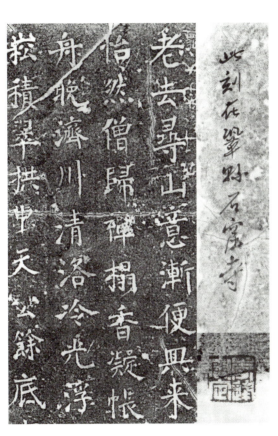

鞏令牛承直題石窟寺詩局部

宴臺金國書碑　　皆女真字　有碑額　未知年月

宴臺金國書碑

宴臺金國書碑額

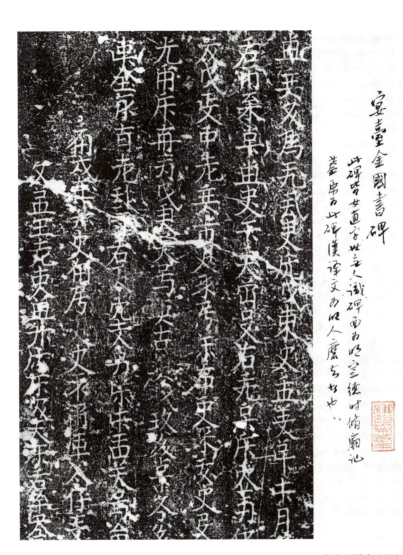

宴臺金國書碑局部

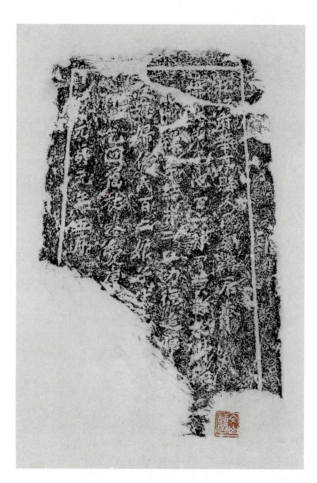

華亭縣井欄記

華亭縣井欄記　　元貞元年五月

金山程氏文山琴舍舊藏。

華亭縣井欄記拓本題記

敦煌莫高窟牓　　至正八年五月十五日

沙州雷音寺傳拓本，常州謝氏魚飲溪堂、平湖陳氏安持精舍遞藏。

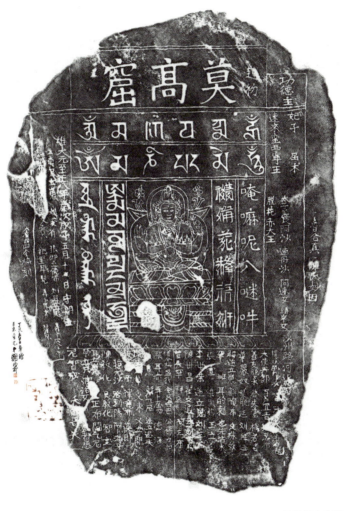

敦煌莫高窟牓

敦煌莫高窟牓局部

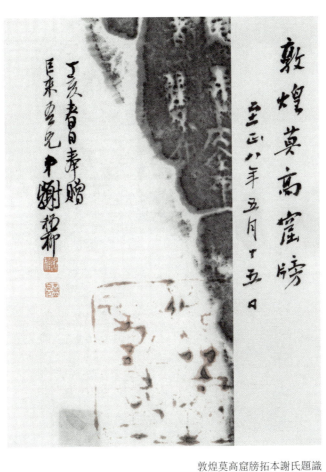

敦煌莫高窟牓拓本謝氏題識

重修沙州皇慶寺記

重修沙州皇慶寺記　　劉奇撰並書　至正十一年八月

沙州雷音寺傳拓本，常州謝氏魚飲溪堂、平湖陳氏安持精舍遞藏。

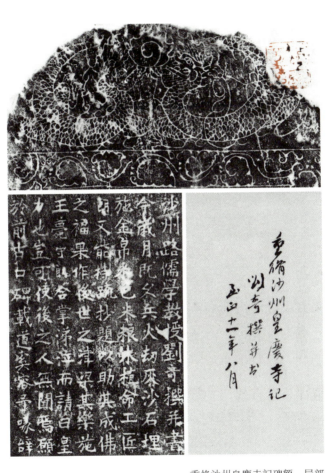

重修沙州皇慶寺記碑額、局部

附錄一

北山樓藏碑諸家題識鈔

沈建中　錄存

題石鼓文吳氏儀漢齋冊裝本　　蔣衡　拙存

石鼓，古之遺寶也。讀其詩，定與雅頌同觀。其字古而有法，王復齋斷以為宣王田狩之詩，史籀之書，確論精切，可釋歐公三疑。拙存題。

漢婁山趙廿二年石刻　　曹衡之　次盦

漢趙廿二年摩崖，在直隸永年縣婁山。道光中，邵武楊兆璜守廣平訪得之。沈西雛交翠軒筆記云，是石趙時所勒。張少薇金石聚以為趙武靈王時物，謂史記趙世家武靈王廿二年，乃周赧王元年正月朔，為癸未。推之八月朔，為丁亥十六日，是丙寅。其時趙得中山四邑，趙都邯鄲，去婁山甚近，或群臣於此上醻，曰而刻石，亦紀功之義。予則闕二家之說，而定為漢趙王遂所刻。攷漢書趙王有廿二年八月丙寅者凡五，遂之廿二年在文帝後六年八月，丙寅在二十日。蓋漢初諸侯皆自紀其國年歲，如五鳳二年刻石，並稱魯卅四年，是其例。此刻僅有趙紀年，而不冠以漢年者，明是文帝時未有年號之故，或謂西漢時趙國所屬，惟邯鄲易陽柏人襄國四縣。今永年屬廣平國，並非趙地。不知趙為漢藩，所過之地皆可題刻。即論書體，已由篆變隸，雅近元初時之三公山碑。與周秦文字相較，筆畫迥然不同。其為漢初石刻，更無可疑者耳。宣統三年九月，次庵跋於百漢石墨之室。

又

漢趙廿二年婁山刻石之東百餘步，有大石高數丈，刻唐人題名四段，正書。趙之謙補訪碑錄云，郁久閭明達等題名，在群臣上壽［醻］石側，北魏人書。按趙說非也。余曾見夏君道生手拓本，第一段監軍判官濟陰郁久閭明達；第二段侍御史魯國郗士美洺州刺史范陽盧頊；第三段監察御史劉□□邢州□□楊□□□縣尉李□；第四段處士盧叶夢。當時惜未鉤得，今從張松坪金石聚，橅第一段劉公魯氏所藏匋齋拓本，鉤第二段，其第三四段竢覓得墨本在橅入矣。攷北史蠕蠕傳，蠕蠕姓郁久閭。因神元之末，掠騎有得禿髮奴者，亡本姓名，其主字之曰，木骨閭，木骨閭者首禿也。與郁久閭聲相近，其後子孫遂以為氏。舊唐書職官志，監軍節度使有判官二人，本註云皆天寶後置此稱，監軍判官當是天寶後人。郗士美，新舊唐書俱有傳，士美字和夫，兗州金鄉人，亦黔州刺史平溪州賊有功，加右散騎常侍，與石刻稱侍御史相合。兗州金鄉屬山東，與稱魯國亦合。又憲宗紀元和十一年八月，昭義軍節度使郗士美與王承宗戰於柏鄉敗之。柏鄉去婁山百餘里，或士美行軍時於此勒名，亦未可知。盧頊，唐書無攷，惟直隸永年縣志載唐洺州刺史盧頊聰明山碑，據此定為唐刻，固無可疑者。趙氏何邊目為北魏人書耶。民國甲子冬日題跋。

楊君殘碑並陰　　楊幼雲　蓮公

楊君殘碑並陰，此碑近日廠肆始有售本，不識所出，批法似漢人，呂陽嘉年字定為東京季世物，忩忩買歸，尚未暇攷正。庚寅五月，又翁。

漢平善男子宋伯望等刻石　　褚德彞　松窗

此石光緒七八年間在莒州出土，在一野田中，陶齋曾與土人二百金議購之，貪夜輦石，後為鄉民追奪，遂不果，僅得拓本五分[份]，此本即陶齋贈余者。數年前又獲一精拓本，然後此十餘年矣。辛酉四月褚德彝記。

又

此刻文字恅惺不可卒讀，長夏驟熱，偶釘齋壁，細加審醳，別寫釋文一紙，竟釋出十之八九，蓋宋伯望買地之券約，古人文字如草率，一看莫明，其用意之所在，悉心靜氣，自能了然。處世治事，皆當作如是觀。甲寅五月松窗記。

司勳殘碑　　秦更年　嬰闇

此漢司勳碑殘石，嘗儗就其存字，按重行格寫一釋文定本，迄今因循未果。邇來目力囟力益不如前，不便能從事於此，奚言之惘然。壬辰二月。仲坰仁兄出示此本屬題因識，更年。

石藏吳興蔣氏。

魏景元元年張氏墓磚　　傅栻　戌牧

同治末，都人掘地得魏景元元年張氏墓專，大小數十出。其文有三行者，未見拓本，行字不詳。二行者，行四字，文曰張使君兄墓。同年造四行者，行八字，文曰魏景元元年使持節護烏丸校尉幽州刺史左將軍安樂鄉矦清河張普先君之墓。磚界棋局格，如勸進碑式。書法在隸楷之間，古雅可愛，從可想見鍾梁字體。巍專世少見，如此款式，古磚中尤罕覯，足珍也。按三國志，青龍中，毌邱儉以幽州刺史使持節領護烏丸校尉，正始七年，遷左將軍。王雄以幽州刺史加護烏丸校尉，杜恕以使持節幽州刺史領護烏丸校尉，其載在晉書，御覽者更十數見。蓋魏景間，幽州刺史多領護烏丸也。按宋書志，前漢遣使始有持節，晉世使持節為上，得殺二千石以下。又案通典，左將軍一人，弟三品，諸州刺史六百石；弟五品，幽州統郡國十一治涿護烏丸都尉，一人比二千石；弟四品治廣甯，晉書地理志，廣甯郡下註云，故上谷太康中置郡，而職官志，但云雜號都尉居。蓋其時仍魏製，若燕國閻柔以烏丸司馬遷護校尉，雍奴田豫持節護校尉者，居之刺史領校尉，則自治涿也。普當是幽州統下人，如漁陽鮮于輔，叺左渡遼將軍封亭矦鎮撫本州者，故墓在其地。魏晉士夫喪塟多疎本里，否者為世譏。非史傳紀者，不勝載也。張普里貫行事史及他紀載，都棄攷其人，仕官不為不達，故當時於其兄墓，亦特書張史君兄。蓋以普名位顯赫，期其兄當附以傳，乃不謂千載之後名。氏同泯，泯也。薛姬工繡，鄭嫗善相，婦人女子，一技之絶，乃足千古。士夫恥沒世無稱者，正未可以名位為足恃矣。長沙賀又愚比部得數專於都，攜叺入閩，予從乞得其二，手拓文字，憮然有慨，因書誌之。心雲道兄雅鑒，大興傳栻。

晉永康磚　　羅振玉　叔蘊

此磚光緒丙申秋金陵出土，文曰永康元年五月廿日揚州丹揚秣陵王氏製作。反書陰刻，絶不多見，今藏面城精舍。丁酉二月拓奉文沖先生雅鑒。上虞羅振玉記於海上務農社。

宋劉懷民墓誌　　陶濬宣　文沖

此志文體甚異，先銘次序，後書歷官，它志所未見，可為銘幽文字廣一例也。按後魏中嶽靈廟碑刻於太安二年，為北朝最古之石；宋爨龍顏碑刻於大明二年，先後才二歲。此志書體極似大爨，亦出大明，其時楷法初行，尚存隷迹，而豫滇齊三石相去萬里，但同時所書，若出一手，足徵南宗北派肇始，分支同室昆季無大差池也。曩與李仲約師論書，謂真二王書派必應，如是如是。陶濬宣跋。

又　　曹衡之　次盦

宋劉懷民墓誌，石歸溳陽托活洛氏。按懷民不見於宋書，其子善明，南齊書及南史俱有傳。惟南史善明父稱懷人，而志石作懷民，此可據以正史傳之失。又傳稱懷民，宋世為齊北海二郡太守，所書職官與志相符。羅氏振玉跋云，此志平原作平源。今審拓本，原字微泐，並不作源，羅氏之說譌也。華山非西嶽，乃崋不註山。元和郡縣志云，崋不註山，一名崋山，在東歷城縣東北。石出歷城鄉間，其地正與志合。匋齋藏石記錄此志，譌敓殊多，如第十四行，位下存言旁，諦眹是諧字。又缺一字，是略字。絛下非知字，是如字。又泐一字，是左字。第十五行首闕一字，是本字。第十六行郎下泐，今審出驪驤將軍盱眙，凡六字。蓋匋齋得此石時，迄三行已漫漶，藏石記致不能辨。此本為最初精搨，故明晰如此。校勘一過，忻快何極。丙辰夏正泰月次庵記。

梁陳寶齊造像　　李尹桑
此為吳門韓履卿崇舊藏，見所著玉雨堂碑目、江右石刻文編，其最始著錄於海豐吳氏攟古錄，張松坪金石聚亦鉤摹之，番禺梁杭叔麟枕簿亦有著錄。履卿故後，為高要何蘧盦瑗玉所得，載歸粵東，久未椎拓，故海內皆疑為佚石。甲寅秋，輾轉歸余。石上端顧廷謙重修題記，高密鄭叔問丈攷定為唐刻，翔實可據。癸酉新秋拓寄仲珺世長審定，鉢叁李尹桑並記。

皇帝東巡之碑　　邵銳　茗生
魏太武帝東巡御射第二碑。太延三年立石，民國初年出易縣貓兒窪。此精拓本也，彌足珍玩。邵銳記。

侯太妃為亡夫廣川王賀蘭汗造像記　　王瓘　孝禹
廣川王賀蘭汗，龍門廿品之一。此拓甚舊，首行"景""年""廣"，二行"川""亡"，均未損。三行"將軍"，維有石花侵入，不如近拓之甚。四行"蘭汗造彌勒像"六字，同"將軍"字。五行"願令"二字完好，"絕"字維侵入石花，左邊三點，右邊乚鉤尚完。"因""成""正"三字，筆跡清晰，與近拓大異。近拓為同治本，此必道光時物。

西魏車枕洛造像　　秦更年　嬰闇
右西魏大統元年車枕洛造四面佛像，石出秦中，歸劉燕庭嘉蔭簃，今已佚，墨本彌足貴矣。此本為翁叔均、徐積餘所遞藏，叔均乃道咸間吳中印人，簠齋嘗稱重，刻印無誤字。積餘歾已十餘年，所藏金石書籍甚富，轉眼俄空，聚散不常，如是如是。壬辰二月仲坰出示此拓屬題，漫識數語於後。嬰闇居士更年。

魏吳郡王蕭正表墓誌　　俞宗海　韜盦

此為梁臨川靖惠王第六子正表墓誌銘，書法蕭散寬博，極似李憲誌銘而綿密安詳過之。其言賊臣搆逆天步艱難，當指侯景也。武定八年二月堃於鄴郡，不數月，即為高齊所滅矣。丙辰元旦韜盦居士識。並鈐印"宗海鑑定"。

金門太守桑買妻楊氏造玉像記　　鄭文焯　叔問

玉像中，坐為釋迦佛，南立童男女各一，下有兩師[獅]子對蹲，一博山鑪。佛像以水蒼玉造，成厚今尺二寸許，兩側玉衣作黝黃色，雕文精整，字體超逸。北齊像，所能夢見。

此小玲瓏館古物也。康熙乾隆間，揚州馬秋玉兄弟以高貲，聚海內金石書畫，名噪東南，過江人物大半為其羅致，名跡賴旨流傳。此玉像亦咸豐庚申亂後，始落吳市估客手也。

桑買妻陽造玉像記，始著於趙撝叔補訪碑錄，福山王廉生南北朝石存（徵）目亦載之。金門太守並誤釋守為子，攷北魏志，陽州有金門郡，今屬河南府永寧縣南。漢晉以來，多以太守持使節領軍事，北齊置四平將軍，此平西其一也。玉像舊藏邗上馬氏，後歸歸安沈耦園撫部，今供養石芝西堪。叔問。

趙錄云，玉像舊出洛陽，以魏收地形志攷之，金門即今雒陽郡屬，千古造像，以龍門巨觀。此雖同出北朝，而書體古秀，大類南宗，玉刻中一劇跡也。

光緒□□之歲端陽莭，老芝記於石壁山房。

是刻見元和韓履卿寶銕盦金石跋尾，亦可珎也。又記。

題齊定國寺更興靈塔記緣督廬冊裝本　　劉公魯　畏齋

此拓葉菊裳丈舊藏，丙寅七月中旬，梁溪馬文軒裱本假胡氏誦芬書室藏本校對一過，公魯識。

北齊邢阿光墓誌　　俞宗海　韜盦

齊碑尚瘦勁，此邢夫人誌皆漳德所出，一望即知為北齊人書，其佳處在古拙二字，非尋常人所能知耳。韜盦居士記

密縣超化寺造像殘碑　　崔耕　子耘

此齊碑殘片，原石一九六五年出密縣超化寺唐塔塔基，足證此碑於唐代即殘，故後世金石著錄未收，下截尚待查找。此殘石現存密縣文管會。一九七八年十月記，崔耕。

後周襄城君薛夫人誌銘　　俞宗海　韜盦

後周邵州刺史寇嶠妻襄城君薛夫人誌銘，純用方筆，古峭堅勁，唐人皆不能及此。此誌無銘辭，本年出土有蓋正書九字。

淮安定公趙芬殘碑　　毛鳳枝　子林

此趙芬殘碑也。芬隨時人，史有傳。此碑在之［中］兆村，隨碑中書法最方整者。攷證詳《雍州金石記》中。

隋舒匡伯誌銘　　俞宗海　韜盦

此石出土未久，為匋齋所得。舒匡伯仕於隋，卒於大業十三年，至王世充僭號時始葬。因其女為世充子婦，贈大將軍。此誌隋人所作，清勁絕倫。韜盦記。

又

此誌亦為陶齋所得，今不知又歸誰氏，午橋一場春夢，不值一笑。渭南趙氏有石四百件，為其強逼獻出。此外巧取豪奪尤多，天理昭彰，報施分毫不爽也。

又

陶齋藏此石，不及十年，今不知轉徙何處，多藏厚亡，信然。

唐王居士磚塔銘　　汪兆鏞　伯序

右王居士磚塔銘刻於唐顯慶三年，明末始出土，時已裂而為三，後又裂而為七，近復破碎散佚。此本魏字，宗府歌三字，顒頷二字，迹往二字，均存，尚是七石本。摹刻者甚多，此本居士之居，尸下古一畫，細鋒伸出上尸撇筆外，是證非摹刻。但墨拓濃淡不一，當是配補者，而神采不失。拓本多於碑框，不甚加意。近人葉鞠裳語石於刻製式樣，記載甚詳。此本邊框刻大花，葉與王氏金石萃編所載相符，尤不易得。丹銘先生得此，出以見貽，爰綴如言歸之。丙子小暑後一日，汪兆鏞題記，時年七十六。

此本碎裂七石精拓分裱，足資攷覈。俗工裝背殘刻，往往以意聯屬，失卻廬山真面，視此遠不逮矣。同日又記。

唐處士張興墓誌　　俞宗海　韜盦

初唐書法猶有古意，此誌銘大約道光中出土，未見著錄。此是初出土時所拓，十年前秦中碑賈來，亦購一紙，而神采全無。舊拓之可寶，當珍護之。光緒丁未秋初得於吳門市上，韜盦記。鈐印"宗海攷訂金石文字印"。

此誌出於彰德即唐時相州也，近年洛陽彰德出土魏齊周隋唐初至五代，以及宋遼金元明，不下二三千之多。而洛陽皆元魏之初，又有晉時諸石。彰德惟東魏北齊周隋唐及五代遼金宋元明而已，皆眾人集資購地掘出。其中或售與洋人者甚多，可歎。

新平郡宜禄府折衝都尉成公墓誌　　毛鳳枝　子林

此誌石缺一角，以文證之，內云分族命氏列乎於成，此君之姓也。成字下為公字，公字下共缺五字，今以文義推之，當係公諱△△字△，連其名俱缺，其字尚存一字耳。又以誌證之，知其卒官於新平郡宜禄府折衝都尉。唐之邠州，一名新平郡，有府十，其一曰宜禄，蓋府兵屯田之所。此誌當題云，新君〔平〕郡宜禄府折衝都尉成公墓誌。

永興崇化寺西塔磚記　　李尹桑　鉢齋

唐吳延禧造崇化寺西塔專，仲珺賢姪生辰拓寄祝壽，甲戌二月李尹桑。"結"上是"當"字，"塔"下是"僧"字，"契"下是"莊"字。余舊蓄一拓本，此數字甚清晰，餘則不及完好。

宮人蘇英墓誌畫蓋　　蔡守　哲夫

南漢宮人蘇英墓志石陰刻畫初出土，挩本墓志石陰刻畫僅見，聞賓谼道丈有蓺觀之刊，亟索是搨寄奉。景演元夜蔡守。

華亭縣井欄記　　程文駿　麗寰

池百六娘井欄殘石，元貞元年五月。丁丑夏陳列於上海文獻展覽會，石在雲間雷氏南埭草堂之曬書臺下，甲戌七月潤民妹丈所貽。麗寰記。

元貞元年井欄殘石，松江南埭雷松雪堂藏石，此拓為妹丈潤民雷君所貽。丁丑之難，幸未散失者。松江府華亭縣人□□□居奉/佛□弟子池百六娘男黃□□□□/禶□結費二口功德追□/□媳婦亻氏百二娘子□/乞四□祐卷愛康/元貞元年五月。程麗寰釋文戊寅十月朔日並記。

附錄二

北山樓諸家治印作品選輯
沈建中 拓印　謙約居藏本

吳興施舍所得古金石磚瓦文　　　　　　　無相盦　錢君匋　作
盧輝倫　作

北山樓　盧輝倫　作　　　　　　施舍所得　高式熊　作

施舍校碑　錢君匋　作　　　　　吳興施舍　高式熊　作

北山樓文房　韓登安　作　　　舍之審定　陳巨來　作

無相庵藏本　單孝天　作　　　　施舍讀碑記　孫正和　作

吳興施舍北山樓藏碑　陸天遊　作　　　　吳興施舍攷藏
　　　　　　　　　　　　　　　　　　　　單孝天　作

附錄三

"北窗"之學
——《北山談藝録》編後記

　　為了北山老人的照像說明，我曾寫道："施蟄存，名舍，號北山，生於一九〇五年。早年從事文學創作、編輯出版活動，在古典文學、金石碑版、歷史文獻的研究以及外國文學與戲劇的編譯上均有成就，同時長期致力於教學工作。"對於這位令中外文壇和學界廣泛矚目，久為後學景仰的耆宿，如果要了解並研究他的成就，長達近六十年潛心致志研究金石碑版，確是繞不過去並不容疏漏的一個重要方面。正如他自述一生治學開了四扇窗，其中的"北窗"即金石碑版之學。

一

　　"一九四〇年後直到如今，我和古代文學，順便和歷史、金石碑版打交道。"然而，從他寫的諸多拓本題記裏可以得知，早在二十世紀三十年代他就有好古收藏之雅趣。一九三七年七月經朱自清介紹，應熊慶來之聘，赴昆明雲南大學任教，對西南地區古碑石碣極為關注，收藏了孟孝琚、大小爨寶子、祥光諸碑拓本，"自是始發古趣，稍稍聚石刻文字"。一九四〇年前後兩次路經香港講學，時常去摩羅街舊貨舖攤，購得元祐黨籍碑粵西兩刻等多種拓片。以後在長汀、三元、徐州等地任教的同時，始終表現出對各地碑銘、墓誌、造像等石刻的迷戀，不斷收集多種墨拓打本，已成為他那時候生活中的樂趣。然而，金石拓本素有"黑老虎"之稱，價格昂貴，使他早年雖好之，却難以多聚。直到二十世紀五十年代初期，舊家所藏金石拓本，紛紛散出，鮮有人顧及過問，價格低廉。於是，盡力購求，經常去朵雲軒"覓寶"，偏重於整紙拓片，也旁及裱本、卷軸，數量逐日增加，漸為可觀。

一九五七年八月，厄運降臨，他所有的著作、文章均不能出版發表，當時已完成的數部編譯作品也遭封殺，從此歷經坎坷，重又"移情"於金石碑版、鼎彝古器銘文拓本。"每讀歐陽公《集古錄序》，輒以興慨"，心心念念係之集藏"黑老虎"，平常節衣縮食，據說連書籍也賣出部分，資助購藏拓本。週日便流連在朵雲軒觀摩、購買墨紙拓本，所聚秦漢以降金石各種銘文拓片共四千餘目，編輯《北山樓藏碑目》（三卷）。那時，他日出而作，盡受磨難；日落治碑，賞玩攷釋，白天的苦痛早已拋至九霄雲外。曾憶及那時光"所居北山樓，一小閣耳。四壁皆為書櫝器具所障，無可以懸碑者，而余所聚皆整紙全拓，非几案間可展玩，則陳之臥榻上，傴僂審讀之，雖疲累，有足樂者"，這段性情所至、癖好所寄的自我寫照，雖似輕鬆自如，却意味着滯重苦澀，能清晰觀照他的治學與處境相研磨的勇氣和信心。

二十世紀八十年代初期，北山老人不顧年事已高，前往山西、河南、陝西開會講學數月，其間當地文物、古碑遺址，都曾留下他攷察的足跡，他尤其對摩崖、塔銘、石闕、經幢、造像、畫像石、地券等極為關注，實地訪得墨拓多紙，回滬後津津樂道寫了十餘篇遊記及許多金石題跋，闡釋所見、所聞、所感和所得。一九八四年十月大病出院，行動開始蹣跚，鎮日埋首書桌，又勤於整理歷年所作金石學研究的論文手稿，於是在《文史知識》月刊連載

"金石叢話"，在香港《書譜》雜誌刊登"唐碑百選"及其他金石小品題記。與此同時，《水經注碑錄》（1987年）、《北山集古錄》（1989年）、《金石叢話》（1991年）也整理編成，相繼問世。如今我們能在那時期的一些刊物上，尋找到他撰寫的關於金石碑版學方面的許多學術論文，從而形成他數十年辛勤耕耘的收穫期。

回顧北山老人集藏與研究金石碑版之歷程，是否可以看作這是他孤寂治學的栖息之地，處在不趨時、不避苦於惡劣的艱難環境中，反而造就他在治碑之學上取得非凡業績。如此況味，在二十世紀行將結束時，再次觀瞻這種超然的境界，完全能夠感受其真實的人生態度和精神世界。

二

北山老人在金石碑版方面的廣泛集聚，足以令人嘆為觀止。主要以石刻文字拓本為重，兼收金石小品銘文墨紙。所有這些並不僅局限於為藏而藏，而視作重要的歷史文獻資料及藝術品欣賞，"每有所得，輒取攷究之"。多年的岑寂光陰，淡然處之，孜孜兀兀面壁古紙，神遊其間，儒雅地或有會心，也有所疑，尋其出處，徵其舊聞，蓄勢待發，方始"漫書數語，無甚高論，涉筆成趣，聊以自遣幽獨而已"。如此攷文徵獻，穿穴經史，據碑證史，以史斷碑，其深刻洞達之處實屬有功後人之作。同時，他長期縱覽卷帙浩繁的史家典籍、金石文獻，其興致之高和涉獵之量，堪稱驚人。尤喜鈔錄歷代碑目，裒輯有關史傳及諸家記載或存或亡的古碑，凡與歷史學、攷古學、文字學、目錄學及書法藝術等學科，都有非常深入的研究。

他一貫傾向集藏整紙拓片，在於對古碑的形製、結體字勢、書丹鐫刻、剔剜泐損、紙地墨色、真偽仿重、不同時期搥拓等諸題，攷據甄別，著書立說。確實，其精湛的論著表現出探源謹嚴、攷證忠實、辨別坦率、論點獨到的科學品格，無論攷時、攷地、攷人、攷事、攷書跡，皆能以史家目光和學術方法作一番深思細察，自始至終貫穿著中西文化相互滲透和融合，力求主張吸取西方文論的方法，在這一研究領域裏堪稱獨樹一幟。

這位文史功力深厚的大家，不僅擅長現代文學創作，而且古漢語修養精深。因此，對於金石題跋、題記類文體，能極為嫺熟地馳騁。且善於從文物舊聞、前賢之說中采擷史料，旁徵博引，詳實攷釋，興味斐然地闡述自己獨到的心得，在蘊於"玩古"的幽遠書卷氣和清澈流暢的文字裏娓娓道來，仿佛上課般的諄諄平易，淡然意賅，使人解頤大悟，掩卷回味無窮。讀着這些詰雅淵懿的篇章，既使我們體驗到他博大精深的學養，力透紙背的思辨，然而又絕無單調枯澀之感。

三

二十世紀五十年代末到七十年代後期，是他治碑之學整個歷程中的一個突出時期，也是最有價值的一個階段，應該予以重視和專題研究。

這一時期，他經過多年的思攷論證，自辟新徑，開始大量撰寫關於金石攷釋的著述、題跋和題記，並對自己的集藏進行仔細的整理編目。不知何因，"寫好後就將手稿用紙包紮好，攢在閣樓上算了"，就這樣一部論著完成，隨又派生出另一部著述，如此日積月累，可想而知，著作庋藏頗為豐厚。經不完全統計，他在這一階段著述撰寫的部分情況如下：

一九六〇年（五十六歲）　完成《水經注碑錄》

一九六一年（五十七歲）　撰寫《太平寰宇記碑錄》，十一月作《水經注碑錄》序。

一九六二年（五十八歲）　撰寫《後漢書徵碑錄》，十月完成《蠻書徵碑錄》。

一九六三年（五十九歲）　寫完《三國志徵碑錄》，七月撰寫《隋書徵碑錄》，十二月撰寫《魏書徵碑錄》。

一九六四年（六十歲）　撰寫《北齊書徵碑錄》、《北周書徵碑錄》、《雲間碑錄》，完成輯補《寶刻類編卷四》以及《四續寰宇訪碑錄》。

一九六五年（六十一歲）　撰寫《陳書徵碑錄》，編著完成《洛陽龍門山北魏造像五十品集釋》、《北山樓讀碑記（甲編）》、《北山樓碑錄（甲編）》。

一九六六年（六十二歲） 開始鈔錄諸家碑目，完成《碑目叢鈔》。編著完成《北山樓讀碑記（乙編）》、《北山樓碑錄（乙編）》。

一九六七年（六十三歲） 五、六月間完成《趙孟頫石墨誌》（四卷），七、八月間撰寫《晉書徵碑錄》。

一九六八年（六十四歲） 開始編《金石小錄》，三月開始撰寫《齊書徵碑錄》。

一九六九年（六十五歲） 繼續編《金石小錄》，後改名為《北山集古別錄》。

一九七〇年（六十六歲） 開始撰寫《兩唐書徵碑錄》。

一九七一年（六十七歲） 完成《金石百詠》、《北山集古別錄》。

一九七二年（六十八歲） 上半年編成《漢碑年表》、《齊書徵碑錄》。

一九七三年（六十九歲） 三月修改《金石百詠》，編成《北山集古別錄目》。

一九七四年（七十歲） 七月開始集印蛻，收得集古冊數本並撰寫題跋。

一九七五年（七十一歲） 六月編成《杭州石屋洞造像題名》，撰寫序引和跋。八月完成《墨妙亭玉筍題名》並序。十月開始寫作《吳越金石誌》。十一月始閱讀《舊唐書》，錄出其碑目。

一九七六年（七十二歲） 開始撰寫《唐碑百選》，並繼續作《吳越金石誌》。

一九七七年（七十三歲） 編成《北山樓藏碑目》（三卷），寫成《唐碑百選》，作《說璽節》文。

[按：以上施先生著述情況因寫作時資料所限，應以拙著《施蟄存先生編年事錄》為準]

在這一特定時期，除此以外他要參加"思想改造"，數次被迫去嘉定農村、大豐干校勞動，有次連春節也不能回滬，其間還被抄家。同時，繼續從事古典文學研究，特別是詞學方面，纂輯《詞學文錄》（六十萬字）、編自藏詞學書目和撰寫讀詞劄記等多種詞學專著，還編譯外國文學作品。在這樣的奇異境況之下，冷清寂寞，却古風猶存，鐘擺式地完成諸多金石著述，或許是頗不尋常的自我放逐。

可令人遺憾的是，除只有另外三部著作已問世，還有許多重要著述至今"塵封"尚未刊行。尤其值得注意："這些手稿，在'浩劫'中也損失了一大半。"其最為貫注用心之作《北山樓讀碑記》，撰寫有碑跋一百二十篇，經謄寫清本裝為四册，遭抄掠而遺失。另有《洛陽龍門山北魏造像五十品集釋》成稿後，二十世紀七十年代時下落不明；還有《墨妙亭玉笥題名》等則捐贈給浙江等有關文物部門。由此，如今能見到的部分紙黃頁脆的劫餘殘稿，真是吉光片羽，彌足珍貴。

四

今年北山老人又新撰寫了《削》《其人如玉》《清帝璽》等八篇題記，雖然年事已高，却欲罷不能，依然如昔鐘情於"北窗"之學，好古風雅之興趣一如既往，"姑以寓心，亦足娛老，自謂興致不在歐趙之下"。這幾篇新作的寫法熔鑄古事今識，語勢平和洗煉，筆調滋潤諧趣，其高壽仍堅持攷據論證嚴肅縝密的作風，落箋揮灑自如的性情，讓我們不得不為之驚嘆。

《北山談藝録》全書共分三編。卷上"題記編"，擇其以金石書畫的題跋、題記為主，並兼及相關的幾篇談藝小品文。卷中"序跋編"，則是採用他所撰寫的金石著述的部分序與跋。卷下"叢話篇"，酌選《金石叢話》內的數篇，以及其他四篇尚未發表過的金石專題雜文。北山老人以往有"百話""百詠""百選"等"百"字輩的著作，因此特將本書也整理成百篇餘一。其中有八十篇左右，係以前從未發表過的，選編時也希望盡可能不過多重復以往讀者容易讀到的談藝雜文，況且他一向是反對"一雞三吃"的。

衆所周知，北山老人在金石碑版之學方面的著述極為豐富。由於本書體例、篇幅的要求，只能節録這些較為短小的題記、序跋等。雖不能全面反映"北窗"之學的全貌，但倘能使讀者從中大致窺見北山老人"北窗"的博大精深和卓越成就，使其鴻文流布於世，介紹給更廣泛的讀者，無疑是有益且令人欣慰的。

以我的淺識寡聞能為我所敬仰的前輩編書，是難以勝任的，惟恐愧對老人家且有負讀者。因而，常常會感覺自己似乎在不斷踮起腳，雙手攀扶北山老人高大的治碑"北窗"，向裏面眺望，那是令人感動的一切從容，盡情解讀，窗內彌漫着博古通今的文化情調與嚴肅刻苦的治學情景，可謂"風簷展書讀，古道照顏色"。雖然如此，但我還是竭盡綿力，在這位寬容豁達的前輩悉心幫助、手把手的耐心指教下，歷時兩年餘，最終能完成此書的輯錄選編，以及全書的圖片配製工作。同時，我還要感謝周退密老先生，為本書題簽，審讀全書校樣，也為本書提供部分圖片。

今年是北山老人九十五壽辰，我們就以這本書的編輯出版，作為向他老人家獻上的一份賀禮，在此敬祝他身健筆健，生活幸福。

一九九九年九月寫於謙約齋

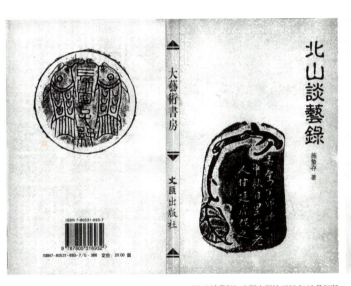

《北山談藝錄》文匯出版社1999年12月初版　　施蟄存先生在《北山談藝錄》扉頁
為編者題詞

附錄四

海上書齋及其他
——《北山談藝錄續編》編後記

  初冬晴日，帶著這份北山老人的書稿，我和文匯出版社責任編輯去紅豆宧登門請教。紅豆宧者，四明名宿周退密先生齋名也。主人工詩詞、擅翰墨、精碑帖，泛富收藏而教授法文，大凡傳統文人的雅嗜，他皆有造詣，與北山老人為多年的摯友，吉金樂石，過從甚密，鄭逸梅先生曾稱之為"海上寓公"。

  紅豆宧正合我記憶深處海上耆宿的書齋影像。穿過大都市的喧囂，走進幽靜的弄堂，至陳舊而雅致的小洋樓前，按門鈴，踏上樓梯，暗魆中腳步噔噔聲和木梯吱吱音猶如交響詩。入室，但見朝南大窗，陽光灑落大半房間，合客廳、餐廳、臥室、書房為一室。室內能聞書香、墨香、茶香，可恭聽先賢風流儒雅之往事；而觀古董、識珍玩、賞立軸，又令人追尋滄桑世變之淵源。常常還能得讀詩稿、新書和墨寶及其他有趣味的小件，真是眼福無窮。

  海上文化，自有其美麗的景觀。我雖淺嘗輒止，但也略識其貌，像紙帳銅瓶室、訇諤書房、無倦苦齋、著硯樓、鉢水齋、淡泊樓、海隅文庫，大抵均有些相仿。特定的地理環境和特殊的歷史背景，形成了比之京城的文人書齋更隨意、更簡便、更講究實用性的風格。也許是我個人有些偏頗的體驗，感覺和在京城拜謁文人書齋時的莊重氣派的確不太一樣。我所見識的海上耆碩，大多出生于二十世紀初，有深厚的國學根柢，亦沐歐風美雨，大半歷經坎坷，却有超常的達觀、韌性，因此治學談藝、攷古論史、鑒藏骨董、品賞書畫、辨識版本、雅玩金石……與古之賢達文人的流風遺韻一脈相通。偶或能見身著西裝者把玩古玉、扇面，喝著咖啡觀賞紫砂、青瓷，床底、陽臺隨處藏有秘籍珍玩，更有在亭子間裏忙攷證，既注重乾嘉學派的嚴謹方法，又吸收西方學人的新潮觀念。對於藏品，雖然殫精竭慮、節衣縮食地搜集，却也會隨著自身處境的變異，顯出異乎尋常的瀟灑，此時深鎖秘藏，彼時則可能輕易出手，乃至捐獻贈友，皆屬常事。

我想，文人雅事，過於氣派、莊重，會缺少溫馨和親切；如果太過隨意，却也會使許多寶貴的文化遺跡輕易流失。一般說來，海上文人的個人藏品目錄圖錄，攷證的著述題跋，還有詩詞墨跡，往往手鈔、蠟刻、復印，僅限於友人之間相互傳閱而已。相比較京城文人來說，此類書的出版數量要少許多。這樣時光荏苒，一些重要的海上文物，是真會被遮蔽以至遺忘的。

由此就不得不說到北山老人施蟄存先生了。

北山樓美麗的景觀，向為世人稱道。步入其間，但聞一縷幽幽的雪茄味，親睹先生訪書藏書，校帖勘碑，喜玉賞瓷，吟詩品詞之風采，不覺欽敬不已。而老人的著述之富，又久為學林推重。其未刊之作尚多，尤其是金石、詞學方面的文字，能補史傳文獻之備，當有印行價值。每每有幸寓目北山老人手稿，心嚮往之，行思坐憶，便一再產生輯錄先生短文題跋的構思。為不使這些珍貴文稿湮沒，應當勉力為之，做一些具有文化積累意義的工作，即使付出一些艱辛的勞動，也是值得的。更深人靜時，靜坐燈下，工筆鈔錄先生的奇文瑰句，感受其治學的心境，對於我，這實在是一種難得的享受呵！

這本續集共輯錄北山老人的題跋、題記一百六十四篇，其中有近三分之二是從未發表過的；另有三分之一篇幅是從近年已較少見的《北山集古錄》（一九八九年巴蜀書社出版）中選出，經過重新校訂增補並編配了圖版。

在編排本書的目錄時，我忽而想起北山老人撰寫於一九九五年間的一頁短文，記敘擬將自己收藏的碑版拓本編為《歷代碑刻文字圖鑒》的構思，記得文中有"身後終當散失"句，我笑說太悲壯了，北山老人逐改為"即當散失"。那時先生屢屢牽念自己所聚拓本，希望能夠影印出版，廣布人間。因我與出版界不熟，就轉請關鴻先生幫助謀求出版，學林出版社表示願意承擔出版，於是總編曹維勁和關鴻一起拜訪北山老人，商談有關編輯出版事宜。後來報上有文章介紹某出版社要為老人編輯出版《歷代碑刻墨影》，先生應允交其出版，顧廷龍先生還題寫了書名。大家甚為高興，北山老人的願望將能實現。忽忽數年，每年又都見報上有文介紹此書情況，這是一項大工程，自然不是輕易能辦好的。值此北山老人九六壽辰之際，我同衆多讀者都期盼此書能早日問世，因此我把那篇短文題為《擬編〈歷代碑刻文字圖鑒〉》，列為本書的最末一篇，以明北山老人的心願，也借以表達我們希望《歷代碑刻墨影》順利出版的殷切心情。

庚辰年立冬後寫於滬上謙約齋

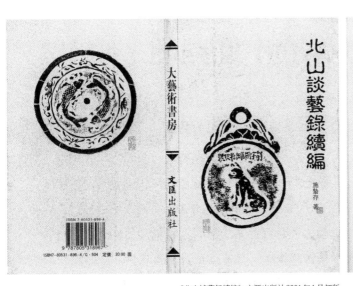

《北山談藝錄續編》文滙出版社2001年1月初版

施蟄存先生在《北山談藝錄續編》扉頁為編者題詞

附錄五

《唐碑百選》編後小記

  盛暑夜深，在窗下閱覽《唐碑百選》的校樣，雖然北山老人賜函囑我："不要拚命幹，休息一個半月。"但我却體驗着晝夜兼行趕路人的心情，迫切希望此書能早日刊行。想起去年鈔錄此書"緣起"給付《文匯報》副刊發表，即有讀者來信指出，書法"集評"並非從前沒有人做過，手頭出版於一九八九年十月的某書就有"集評"。可惜其不知此"緣起"撰寫於一九七六年八月十日。毫無疑問，這部書稿是二十餘年前的舊作，如今這部書將要問世，我因之竟有一絲莫名的惆悵。
  這部十餘萬言的著述始作於一九七六年，一次，先生談及此書"寫成是偶然的，忽發奇想"。雖如此說，細想一過則不然，當是早有醞釀。先生治碑偏愛唐代石刻，並有持久的興趣，每每聊起大碑的巨製宏偉，墓誌、塔銘和經幢的精工巧作，字跡或瑰麗、或詭譎、或端莊、或雋秀，總是有些欣羡地如數家珍。亦精心鈔錄出新舊唐書內的碑目，對唐代各個時期的作品詳細攷索，可見作了長時間的編纂構思準備，經過連續撰寫越一年才得手脫稿。當時出版界對先生的小說、散文頗有印行興趣，而此書稿係"冷門貨"未允刊行。據先生自己的記錄，一九七九年遂將"《唐碑百選》付香港書譜社印行，在《書譜》逐期載一碑"。荏苒數年，《書譜》雜誌已積案盈尺，此書却遲遲未見出版。那時情形，且引谷葦先生發表於一九九三年九月七日的采訪片斷來看看：

手邊還留著幾張小紙片，上面是施蟄存與我談話時留下的手跡，早幾年的一張上，寫的是《唐詩百話》、《唐碑百選》，還有《文藝百話》。對着他手寫的這幾個"書名"，當時他曾笑著說：這是我的"三百方針"——把這三本書寫完、出版，我就安心了一半。

幾年過去了，施蟄存的心願似乎至今未了。有的書出了，有的書遲遲出不了。老先生的心看來是"安也難"。幾次說到出書之難，令人如墮五里霧中，施蟄存不免憤憤然："不出書了。不出書了。寫好的，原稿包好，攢在閣樓上算了。"偶爾也有高興的時候，那是少見的："天津出了一本《施蟄存散文選集》，初版印了一千五，再版却印了八千。真是莫名其妙。"

《唐詩百話》於一九八七年九月出版，《文藝百話》也在一九九四年四月出版，只有《唐碑百選》長期在待印，書稿亦未見退還，成為先生一樁未了之願。我常去北山樓，耳濡目染，對於先生治碑的學問，亦興趣日濃，得益甚多。每當得到先生教誨，自然就格外親切。一九九六年四月下旬的一天，又談起此部書稿，先生對我說："香港書譜社有困難，印行此書似不可能。社長去了澳門，他也盡力了。"後又略顯無奈道："過三天，你再來一次。"遵囑再往，先生拿出舊報紙包着很厚一沓文稿交給我道："這是《唐碑百選》的稿子，當時謄錄清稿時，幸好我在下面墊了一張復寫藍印紙，這是下面的一份，可能不太清楚，順序有些亂，你拿回去看看吧。"

至家細細展卷，頗有異趣，這部書稿是用圓珠筆復寫藍印在毛邊紙上的。猜測大約那時圓珠筆剛流行，非常方便，為先生喜用，而毛邊紙薄而結實乃幾十年常用紙，因此兩則能有機結合。誦讀先生悉心鈔寫的手跡，端正嚴謹，清麗勁拔，豎行格式亦經精心編排，隱隱有清雅氣，蔚然可觀。讓我真切體驗"只管耕耘，莫問收穫"的治學心境與毅力，更深深吸引我的是先生以漫話文體敘錄其精心選擇的百種唐碑，且按年代逐一編撰的內容。我以為這部著作既是唐碑賞析，可供欣賞，藉增見識；又是斷代碑史，自成一體，直溯本源。先生勤於檢索並采納自唐宋以降諸家議論，以文獻與拓本互證詮釋；承繼清代乾嘉學派治學之法，對每一碑版概況、內容、淵源及存亡，從攷據梳理，匡正疑謬，書法藝術各方面發前人之所未發，攻微索隱。先生不僅廣泛收集唐代各種石刻拓本，徵引各種文獻史料，對其流傳之緒嚴加攷證，並常年訂閱《考古》《文物》雜誌，關注攷古發掘，實地勘察。同時，搜剔前人論書評藻之語，雖或互為牴牾，蒐集衆說亦有助讀者鑒別。先生對每一種碑攷據所闡述的見解皆精闢獨到，以此形成了這部前所未有的述而又作的唐碑普及讀物。正如周煦良先生所讚："覺《語石》以後，是難得的好書，勝《夢碧簃石言》多矣。"

儘管書稿內夾有一些鈔餘剩紙，但稿紙却是完整的。遂按順序排列，以述二十五種碑為一冊，分裝成四冊（據先生自己記錄在香港的此稿裝為兩冊）。經過先生再次審閱，增補一些新了解的內容，親筆鈔錄，由我黏入書稿內。

唐代三百年是我國書法藝術的極盛時代，名家薈萃，諸種書體已臻佳境。先生選錄百種唐碑，偏重從藝術欣賞視角甄別，其中有近半數此前從無印本，所以為本書編配拓本圖片則非常重要。先生交給我多年前選定二十八種碑的局部復印件，但是"緣起"裏要求每一碑皆配拓本圖片，我想應按此要求去做，而先生表示以我個人的能力能否尋到全部百種拓本甚為擔心。這固然是非常困難之事，且二十八種碑的復印件，從最終成書效果看，需要再找拓本重新拍攝。

為找拓本拍攝圖片，有次先生讓家人尋出一紙盒，上貼有自署"唐碑百選"小字條，叫我打開，一看却全是魏碑拓本，可能是放錯了。懊喪之際，遽然眼睛一亮，我對紙盒上的字條發生了興趣，用此條作書名題簽甚好，當時提出又怕先生不允。一日，我對先生說："我想問您要一件東西。"先生問："什麽東西？講出來可以給。"我說："是紙盒上的小紙條，用作《唐碑百選》

的題簽。"先生聽後笑着略覺不可思議，隨手拿出竹刀讓我刮下來。此條經過修補托裱，洵足珍賞。

在一年多的時間裏，四處尋覓百種唐碑拓本，先後得到上海、西安和北京十余位師友的鼎力相助，同時還參攷引用《書道全集》等書籍。業餘時間皆忙於攝影翻拍、沖印放大、編輯整理，有些殘破拓本還得請人托裱，時有"前不巴村，後不着店"的體味。起初每種碑要求有拓本整紙全形的照片，尤其面對《昇仙太子碑》《紀泰山銘》《嵩陽觀聖德感應頌》諸多巨幅拓本，翻拍製作的難度更大，為此付出極為艱苦的努力。但在最後編輯時，我發現如此大碑拓本縮小後，字跡太小而模糊不清，難以辨識，且有些碑版損泐嚴重，以致版面觀賞效果甚差，無奈只能刪除，改用字跡相對清晰的局部。雖然耗費了許多精力、費用，可是有緣一睹巨碑拓本之風采，亦覺難能可貴。這也是先生賦予我的榮幸。

偶爾疲累之極，恍惚間仰望蒼古奇峻的神妙字跡，那記錄古人的情感、性靈、意趣，仿佛身處縹緲的唐代碑林，旖旎月色將磨耗的大碑映照得烏亮，霧靄裏氣息醇厚，但聞墨紙馨香和椎拓音律悠遠恢宏，似曾熟識的唐人，不遺餘力地搬運沉甸甸的天然巨石，妙筆書丹，鬼鑿神工。如此遙想幻覺，或許亦僅難得偷閒一下罷了。記得今年三月九日，當我攜着分裝一百紙袋計四百余張碑版拓本的照片，前往北山樓面謁先生，甚感忐忑。想想自己的能力、意趣及諸多客觀原因，所編選的這些圖片，能否入先生之法眼，實在心中無底。那天先生用了近兩小時的時間，逐一仔細翻閱，欣喜之情溢於言表，於是我如釋重負。

行筆至此，忽然萌生一絲歡悅，我計算着當秋天來臨時，在這美好的收穫的日子，先生將怎樣捧得散發墨香的《唐碑百選》，對我輕聲笑語："蠻好，這本書蠻好。"

二〇〇〇年八月於謙約齋

附錄六

豫滬鴻雁金石緣
——《北山致耕堂書簡》序言

一

過日子，諸事難如意常有三二，忽然有"好人好事"降臨，憋悶頓時一掃，精神為之抖擻。今天，我還清楚地記得，十年前的早春——那是一段自我思想特別孤獨的時期，當時亦少去北山樓了。某日，出版社編輯轉來一封讀者來信，拆開一看是鄭州崔耕老先生的手書，驚喜交集。老先生賜函大意有二，一是於書肆購得《北山談藝錄續編》，却四處買不到前冊，希望代購一冊；二是與施蟄存先生失卻聯繫，去年曾讓出差來滬的長婿探望施先生，亦未果，很想了解其近況。我抑製激動地寫了回信。最近，承耕老復印給我，茲過錄如次，聊以回味。

崔耕先生尊前：由文匯出版社轉來的大札拜收，非常高興。多年前就聽北山老人常常談起您，前年他還給我看了您寄贈的數張墓誌。由此，我仿佛感到與您相熟已久，今後可以直接向您討教，是為幸事。

去年3月底，北山老人的太太（比先生長一歲）以98高壽謝世，老人傷感不已，病倒臥床數月，現已恢復，但畢竟年事已高，今年虛歲98高壽。我會把您給我的這封大札帶給他一閱，他肯定會很高興的。

"談藝錄"我送您一冊附上，請您指教選編上的失誤。專此，即頌

萬福春祺

晚　沈建中敬上

沒多久，我就收到耕老回贈的著述，即寄呈了另幾本拙編施先生的著作，隨後他又賜我更多當地漢畫像石拓本和相關文物資料，盛情可感。我深知施先生與耕老因"金石緣"交遊近卅年，結下了深情厚誼，曾在致耕老函中寫道："檢出十年來你送我的碑拓，都是有趣味的東西，因而常想到你，如果早知我會病廢，82年嵩少之遊，一定要多玩幾天，現在後悔了。"（1986年10月29日函）能夠促成他倆重逢，機會難得；也為了給施先生供給一點"興奮"元素，排遣他因太太和在美國的妹妹相繼離世的內心痛楚。我特地寫信並打電話商請耕老來上海與施先生晤面。待耕老蒞滬，恰恰我碰上了煩事，有些自顧不暇，但我還是克服困難，堅持精心盡力地妥善安排他們在滬行程。現在想來，我頗為自詡辦了一件好事。還有兩事可記，至今歷歷在目。一是那天施先生當場取出二百元錢，囑我代他請客；二是耕老見到施先生喜歡搜集各式碗碟盆盤，返回鄭州即託人帶來地攤上購得數隻雜件。而在我最可憾之事是，我買了他們父女倆的返程票，打算請客，就在火車站入口道別時，其女雙新君突然把錢塞進了我的口袋。

我在申城成長，從小就常去相熟的飽學老輩家玩，每每愜意，隨著二十世紀閉上帷幕，此番勝景漸漸難在，寂寞也就成了業餘之常態。可那次耕老返回鄭州後，在耕老紹介下，我先後拜識了桑凡、楊華松、孫憲周、張萬鈞、

王勝泉、王澄、王寶貴、佟培基、趙和平等長輩學者先生，諸位大名常在北山樓"吾耳熟焉，故能詳也"，還接到了他們所賜墨寶，包括耕老夫人、書家開映月的隸書大作，皆為我所珍藏。自此，我尋師訪友別開新途徑。

十年來，我從中原諸位師輩遊，大都依賴電話、郵件來進行，開初祇覺得他們具有一種中原古都特有的誠懇、儒雅、謙遜和淡泊，然從遊既久，遂有一種使自己身心清謐的踏實感覺，尤其從耕老、桑老先生及和平君遊甚密，成了我學習修養、閒暇娛樂生活中的一項重要內容，"是真名士自風流"的感受特別深刻；而耕老的"氣貌淳厚，意志豁然"之風度，尤其中原名士所特有的率真氣質都一一感召了我；使我漸漸地覺察體會當年施先生吟贈梁苑武慕姚、桑凡、李白鳳《夷門三子墨妙歌》，還有與耕老諸位"金石緣"之前輩風流的精神內涵。

二

耕老賜函常言，休致居家無聊，找點事幹。可他忙極了，一件接一件地在幹，總無歇停，哪里還需"打發歲月"？我暗自思量，這很像乾嘉學派那種孜孜模樣，那股耐勞的鑽研勁兒，又特別講究下苦功。再細想，他先後賜寄了自己著述、參與編輯的《少林寺碑刻選》《少林寺日本兩禪師撰書三碑》《密縣漢畫像磚》《〈唐秦王告少林寺教書碑〉考》《少林寺》《宋陵》《夕陽樓上》《翰墨鑄情》等，真讓我眼界大開，說那都是供應給我的教材一點都不為過。

他喜好藝事，我尤欽佩其"剛柔相濟"，一手"柔"，能擅章草隸篆，俊秀饒趣；一手"剛"，長於雕磚琢瓦，篆盆刻盤。他以灰陶花盆底仿刻嵌名漢瓦當，貽我一件"建武中元"；我很欣賞其為天津書家王千刻製"德王千秋"、仿刻石窟寺"飛天"、漢畫像"建鼓舞"、瓷盤"碧霄鳳翔"，還有核桃木板刻、桐木書刻、山梨木刻迴文詩、竹刻條屏、鞏義村名探源印，均古雅富有韻味，我認為源於耕老好詩。每回讀他老人家的詩，就能感受到他一種天生的悠然詩趣，"半為群戲半誦經"似的琅琅上口，經受歲月風霜之煎熬，注入民歌民謠之聲韻而錘煉成"夕陽樓上"的"耕堂"醇厚味兒，如《少林行》詩云，"頹垣斷壁雀鴉噪，虛室閒庭狐鼠行"，"夕陽殘照曬經處，惟有孤松蕩晚風"。讀着一動情連詩酒亦不分，忍不住會擊節"好酒呵"；他却自嘲"莫論格律平仄事，當知我是賣油郎"。

中原自古戲曲興盛，地方特色濃郁，耕老總角時受小相村杖頭偶及海蜃社演戲的薰染，至二十世紀五六十年代與豫劇、大平調等七八個劇種結緣。有次接到他來信，囑我在滬尋找二夾弦旦角黄雲芝《站花牆》的老唱片，"我最近為開封二夾弦劇種、劇團編一本歷史資料，已近完稿（與人合作）""當時在開封專署工作，大院管理擴音的同志經常播放黄的唱片"。讀過其編《二夾弦與開封》，才知道民間流行"拆了屋子賣了梁，也要聽小白鞋演的《站花牆》"之美言。古老戲種在大城市很難有所耳聞，而我尋找老唱片《站花牆》亦未果，現在回想尋找經歷也頗多欷慨，繁華之下似乎還缺少些什麼，是否所謂的"軟件"？

我一直以為，耕老最可貴的是文物因緣。記得一位原河南文化界老領導如是說："崔耕先生從事文物工作多年，可以說是汗水灑遍嵩洛地區的名勝古跡，腳印佈滿嵩洛地區的山嶽河川。"這是一種客觀真切的評價。耕老《嵩洛訪古》（2006年），真是一本耐讀的好書，寫得實實在在，一如文物考古學者"無證不言"的作風，不僅使我增長有關中原文物方面的知識，而且對他"文物學步"有了更深的認識。那年在他下榻處對酌時，聽他自揭從"無知"起步，上村塾始，以至建國前後工作的地方，大多在宗祠寺廟，算來有十二處，自稱"非僧非道，常住寺廟"；可當年為清除路障，讓學生拉倒校園裏的巨碑（可能為明代）掩埋地下；見到從財主家抄出古物、古籍、書畫遭毀，亦視而不見，非常沉痛。再經"啟蒙"而"入路"田野攷古，撰寫多篇研究論文發表在《考古》《中原文物》《河南文史資料》等刊物，直至率隊在新鄭發現、發掘"裴李崗文化"遺址，並"走出去"——趕赴京城請教安志敏、夏鼐、蘇秉琦等考古界專家，"請進來"——邀請裴文中、安志敏等攷古界專家进驻现场指导，论证早于"仰韶文化"，为国内外攷古界所公认，使新石器时代攷古研究取得了突破性进展，"裴李岗文化"名列"二十世纪河南省十项重大攷古发现"之首，全国二十世纪攷古百项大发现之一。可他始终谦称自己是一名"裴李岗上马前卒"，专请友人李刚田篆刻闲章一枚。友人都赞歎耕老"其人品之高由此可见一斑"。

耕老大有书缘，喜读丰子恺漫画凡六十余年，那年来沪，在某书店看到"丰氏全集"精装十六册，欣喜想买，一瞧定价2600元，把这位离休老干部吓得悻悻而退。回到家就后悔，写信嘱我去买，我跑了两次福州路竟没见到，恰巧其外孙女在京城遇见，因缺两册折价600元，即购寄呈，遂使心满意足。老人家这份痴迷，我很能理解，说来我们豫沪有缘，其实就是书缘。记得他曾来信说在陈乐民《一脉文心》书中读到"沪上小友沈建中又寄书来"之句，"为之一振，原来您与陈先生早有交往。似乎与作者有了亲近的感觉。说起来，还有点意思，早年我得到您为施先生所编之'续编'，曲曲折折得能与您有了交往"。如今，由书缘而使鄙箧留存耕老赐函越来越多，时常检阅一过，十年因缘，辄可感念。

三

就在整整十年后也是一个早春，又得耕老赐函，急拆拜读，耕老又想找点事干，照旧一阵惊喜，——"好人好事"再次降临，"想到施先生生前二十多年中，我与之常有书信往还，其内容主要是关于古碑刻"，考虑再三，决定解决"孤稿"之危，准备影印赠送友人，也是对施先生的纪念。这种具有奉献精神的严肃而又有历史责任感的行动，对于一位米寿老人，不仅要有付出大量心血、敢坐冷板凳的坚忍毅力，还要甘愿付出节衣缩食而得的银钱为代价。我为之动情不已，这充分说明了耕老旺盛的生命力而足以延年益寿，诚如："道积宜蒙福，德盛自延年。"

就这样，我有幸先睹施先生的这批手札，欣喜之余，内心却有些伤感。

近七十通手札離不開談碑論學，如果能按我的意願，那不就是《北山談藝錄三編》嗎？私意以為施先生肯定會為讀書人着想而允諾。現在自印本先行，使施先生這批既有學術性又有談藝說碑情趣的手札，提前奉獻給學界藝林愛好者們，成為學術研究之"公器"，是一件大善舉，否則後果難以預料，我感到無比欣慰。眼下有此基礎，正式出版應該指日可待，我想。況且，施先生很看重編輯的"識見"及"編得要好"，"更不願讓水準低的人編輯我的書信"（1992年5月27日函）。目前看來，耕老是最合適的第一手的編輯人選，他老人家一切皆為"保護""搶救"的目的出發，加上文物學識豐富、嚴謹忠實的編輯方式、善於聽取各方建議，凡此種種，都為本書在今後成為正式出版物，包括編入諸集，打下扎實基礎。

這批手札詳細反映了1975年至1997年間施先生的治碑生活和攷證方法，從書信這樣一個側面實錄了他從事攷索金石碑版的研究過程。我們從中能了解到施先生在這些年間是如何治文物學的，可使我們學到一些具體的研究方法。按施先生自己的說法："不像寫信，倒是'談碑小記'了。"（1976年6月19日函）而耕老在給我的信裏特別說了："對現在做文物工作的人來說，還是有啟蒙意義的。"因此可說，本書能夠作為一種古代金石碑版研究方法的參考用書。而施先生手札還有許多另紙撰寫的"附錄"，對嵩洛地區古代不同時期的金石翔實攷釋，據物證史，以史斷物，引文徵獻，旁徵博引，這樣翔實的鑒賞和評析，對於收聚古代金石拓本的愛好者，也可作為一部指導用書。同時，這批手札還反映了這些年間開封地區文物攷古工作展開的實際情況，對登封、鞏義、新鄭、新密一帶許多重要的及新發現的古代金石碑刻多有記述、攷證，其中有一部分在古代金石碑版史上佔有極其重要地位。從這一角度來看，完全能視為一部"嵩洛文物外傳"，稱得上是一種文物攷古的珍貴文獻。

耕老與施先生是"玩碑的同志"，他倆從事治碑攷古的書信交往，完全是一種"互補"的交流。一方面，耕老說施先生來信"可算函授"；另一方面耕老對嵩洛地區文物家底了然於心，直接與實物接觸，不斷向施先生提供新近的文物信息、攷古實際狀況以及供應實物拓本照片。而我在讀施先生手札時，常以不能同步讀到耕老書信，得不到更為詳盡的相關信息、情況和知識，引為憾事。說來也是緣分，前不久的夜半，我突然想起存有一份從前施先生給我的材料，正是1982年7月3日耕老致施先生的書信，與施先生復函對照閱讀，印證了他倆"互補"的研究工作，很有啟示意義。我立即供給耕老編入本書，亦彌足珍貴。因此，如果能動員各方力量，群策群力，徵集往還雙方函件，進一步編集正式出版，真是一件澤及學林、惠及子孫、功德無量的盛事。我期待，我希冀。

《北山致耕堂書簡》即將印行，耕老命我為本書撰寫序言，"……所以，這事成了我們三人的交往了"。使我惶恐數日，寢不安席，我哪有資格，豈敢報效；在那幾天裏，甚至驚動了開封桑凡老先生專門打電話來規勸我要"恭敬不如從命"。對老輩的教導，作為小輩理所當然要認真遵行，確實應該"恭敬不如從命"。於是，在我引以為榮，斗膽而寫了如上贅言，尚希讀者見宥。是為序言。

沈建中壬辰大暑前五日識於滬上謙約齋

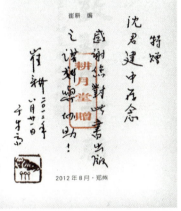

2012年崔耕先生在《北山致耕堂書簡》扉頁題詞

附錄七

施蟄存藏碑故事撫憶

一

1985年《書訊報》刊載葛昆元《我一生開了四扇窗子——訪華師大中文系施蟄存教授》後，施先生治學的"東南西北四窗"始傳甚廣，至今不衰；"北窗"即金石之學，可其藏品卻未露端倪，讓大多關懷他的人頗有霧裡看花之感。其實早在《千唐誌齋藏誌》初印時，施先生就盼望能印出自己藏品；見到我從西安買來《昭陵碑石》《鴛鴦七志齋藏石》，那時印製技術還不如現在，那歆羨的神情，我至今難忘；當年為謀求印行《唐碑百選》致香港友人信中甚至寫道"如有可能，我無條件奉贈版權"，可憾仍未果；晚年不斷地在信中與友人談及擬將藏品編印《歷代碑刻墨影·八冊》《歷代文物拓片圖鑒》（擬目），盼望按照歷史順序留跡楮墨，展示藏品，言辭殷切間充滿殫思極慮，連當時報刊都多作報導。近些年來每每讀至，輒為感慨愴懷。姑妄言之，編輯出版藏品，當為先生一樁未了心事。

現在，上海古籍出版社推出潘思源編《施蟄存北窗碑帖選萃》，其藏品首露冰山一角，却如昭然若揭。我路過福州路古籍書店，見櫥窗陳列此書，猛地浮起一個念頭，以此皇皇巨冊度之，且編輯水準高超扎實、裝幀設計典雅古豔、攝影製作準確逼真、印刷紙感傳神細膩。先生故去近十年，倘地下能知此隆重精印之集，定會喜出望外。從前先生在紀念戴望舒時深情地說："我對亡友的職責，只是為他經營後事。一個文人的後事，不是處理田地、房產、企業，而只是幾卷遺文殘稿。"而今上海古籍出版社諸君、潘思源君效法先生榜樣，經過數年辛勤勞作並投入相當經費，使得"選萃"問世。雖在其身後印行，確實可報先生大欣慰！

展閱這部"選萃"，拓影墨蹟、題款印鑒，似曾熟識，恍如在街頭忽遇故舊。捫心思念，如我區區晚輩，雖無親睹先生以往"四壁皆為書櫃器具所障，無可以懸碑者，而餘所聚皆整紙全拓，非几案間可展玩，則陳之臥榻上，傴僂審讀之，雖疲累，有足樂者"之境況，可上世紀九十年代初，承蒙先生賜予榮幸，讓我這個對金石學一竅不通的"小友"，每週聲欬雪茄香味，指教瀏覽其藏品，後又着我幹些歸類整理雜役，記得有次竟命我在木夾函套板上寫"北山樓藏碑"字樣，羞怯之下還是戰戰兢兢地照辦。

轉眼上世紀九十年代下半期，先生授意輯錄其"題記""序跋"，承蕭關鴻諸君同聲相應，共襄義舉，居然編輯出版《北山談藝錄》《北山談藝錄續編》諸種金石學著述，真是意外！回首往事，弇陋之我能為敬重的老輩編書，當然難以勝任並留下遺憾，可那時確有一種"體驗着晝夜兼行趕路人的心情"，期待不斷為老人家晚年生活添些樂兒。記得先生特地為我在編的書上題句，再次展覽，讓我不禁摭憶其鑒藏故事。

二

先生說過，金石文字，我早年即有愛好，但抗戰以前，乃至解放以前，拓本有黑老虎之稱，價昂不能多聚。曾聽他敘憶曩昔雷峰古塔倒塌，覓得塔下梵寺"夕照庵"古磚藏弄。我讀知堂日記，得悉1934年先生為其搜羅"拓本一束"。抗戰時居滇，"大小爨、祥光、孟孝琚，俱入篋衍"。1938年浦江清由蒙自致函詢問"《三聖庵碑》可拓得否"，可見他倆對西南古碑關注之一端。當時南門新出元人灰身塔上殘石鼓，移至雲南大學，命工椎拓，他任監拓而得第一本，胡小石却得第二本。據說《滇繹》所舉六碑，他得四種，惟《南詔德化碑》《王仁求碑》未獲，後來謀得清王昶修王仁求墓記舊拓。他常與沈從文、李長之、向達去佛照街夜市訪古，購得銅鏡古錢數品製為墨紙。因戰亂繞道香港，仍去摩羅街尋碑，買到元祐黨籍碑粵西二刻及北宋嘉祐磚志拓本。1940年秋，先生移硯閩汀，向泉州縣長石有紀求得《蔡君謨萬安橋記》墨本。

　　1950年代，舊家藏碑紛紛遣散，便盡力購求，時往天蟾舞臺旁弄內曹仁裕碑舖、商務印書館隔壁弄口黃小玄碑攤尋訪。從黃氏處得《侯鳥殘磚》，後見簠齋藏神爵元年鵝首殘磚、西安高窰村出土上林宮銅鑒底鑄鳥紋，均極似。1964年某日，他行至南京路遇曹氏，說已遷至保安坊口設攤，黃小玄、李道生已離世，先生歎惋"上海碑估存者，唯曹一人耳"，又往曹氏新攤，獲得《金陵蕭梁墓闕墓碑》全份；翌年5月間，曹氏來訪告知歇業。幸有熟人戈子培繼起推銷，"攜來碑拓一捆（凡87種，唐碑為多），議價22元""唐宋元碑50種，皆平湖張處芳物，以所藏大小三硯易之""攜來磚拓百餘紙，亦韓氏應陛故物也，以五金得之"。

　　還去常熟路舊書店購碑，收穫崇禹斾舊物《公卿上尊號奏》，1957年後幾乎每週都去朵雲軒尋訪。1963年元旦，他"晨起獨坐小室，殊岑寂，檢去年所購碑本，凡唐碑十、唐墓誌七、晉碑一。五年以來，去年所得最少。自朵雲軒停止供應碑版拓片後，上海無地可得此物矣"，待2月份恢復供應，訪得墓誌多種；6月間去朵雲軒又無拓片供應，就"帖櫥"內檢《漢建初六年司馬長元石門題字》購之。他先後在朵雲軒購進了《楊淮表記》《高長恭碑》《北齊定國寺碑》，尤其獲得伏廬陳氏《玉笥題名》，此石久佚，素無著錄。

　　當他年近古稀又居處逼窄，豐碑巨幅難以申展，遂由傾力聚集碑碣摩崖、造像石闕、塔銘經幢，而移情於詔版匋量、匕劍弩機、鼎爐壺洗、銅鏡符牌、瓦當陶器、古磚地券、泉幣封印之銘文。前些年見於市肆的《北山樓集古小品》（四冊），《北山集鐘鼎拓片秘笈本》（八冊），還如"秦權""漢鈁""頌壺""嘉量""俑生簋""服肇尊""虢叔旅作惠叔鐘""北魏魚玄明磚"拓本多種，能為觀止。

三

老輩人吉金樂石，皆有互助相贈之風尚。1962年末先生收到開封李白鳳來信，"知已恢復自由，幾乎東坡海外歸來矣"，經紹介得宸翰樓藏器百許紙。某天他在南京路店舖購得舊拓未斷本《根法師碑》等12種，返家收到李氏寄來河南圖書館藏石十餘種，當日豐收之喜，讓他摩挲至深夜，殊不覺倦。陸維釗寄來藏家碑目，審視皆'八瓊室'物，宋金元碑及題名為多，擬選購數十種。1963年周作人復函"承近有著作，從事金石校訂，甚盛甚盛。見詢各節，零紙寫呈"，並附贈二品。同年啟功寄贈《昭陵碑》全份28種，他回贈碑一包43種。1965年底程千帆寄碑一大包，一時尚無以償之，即賣掉西書34本，以付碑價。他經常賣書以籌買碑之資，僅1964年三次賣出210本書，得藏拓本150餘種。

1970年代後期拓本銷售逐漸退市，先生便四處托人訪購，與范泉恢復通信遂請"青海博物館如有解放後出土的石刻，希望你為我弄一份拓本，可以繳納工料費用""如有宋以前的其他碑誌，能否為我隨便買一份來，款乞墊付"。在與開封桑凡函談到"足下目錄中，甯陵公主志、54人造像、70餘人造像、牛知讓志（此是宋志），此四種我沒有，希望你割愛見賜"。今讀《施蟄存北窗碑帖選萃》多有此類友情之蹤影，汴梁武鼎、崔耕貽物也習見。舊時流傳的碑拓，他差不多都有，但解放後新出土的石刻，難獲拓本。1974年他極想得到《文物》刊登的新出兩種，輾轉托請南陽友人幫助拓得《許阿瞿墓誌》；又與天津張厚仁談及"你這封信使我對《鮮於璜碑》的希望死灰復燃，希望轉請你父親的朋友為我設法一個全張整拓""無論什麼條件都可以從命"。

"得漢魏南北朝隋唐碑銘、墓誌、造像之屬，不下四千目"，這是1961年先生所談自己的藏品數。經歷六次抄家劫後，再敘所聚藏品已是"余既聚秦漢以來碑版三千種"。在復宋路霞函說起自己"碑拓亦有一個目錄，不過三千種，比起繆藝風、徐乃昌的一萬八千種差得遠了。不過，比起《天一閣碑目》來，還是我多些"。1995年在《擬編〈歷代碑刻文字圖鑒〉》中稱歷年"得大小拓本二千三百餘紙，凡歷代石刻文字有拓本傳世者，已得其十之八九"，再加上所藏"集古小品"及大幅禮器墨本，所聚藏品規模也就不言而喻了。如今上海古籍出版社印行此書名為"選萃"，是從北山樓原藏二千餘件石刻拓片中精選而出的240種。我猜想很大程度還取決於拓本的印製效果。潘君作為承繼藏家，又是本書編者，在"前言"說此書僅是"窺斑知豹，北山樓藏碑之富，足令人羨"。而從前先生還有捐贈，像《玉筍題名》拓本四軸贈給浙江省博物館，《千唐誌齋藏誌》拓本全份送給華東師大圖書館。

四

先生身後，報載這批藏品"時間跨度從漢代到民國時期，可以說再現了石刻史。很多經過歷代知名收藏家之手，僅次於國家級圖書館所藏的善本，其中的重要藏品，甚至連上海圖書館也沒有"，如以前年見於市場的其藏《嶧山刻石》會稽本，再算上所藏諸多鐘鼎彝器墨紙，先生藏品能推為起始殷周、秦。北山樓藏品如此規模當可視為當代申城繼潘景鄭、孫伯淵之後獨步滬上，迄今無有能出其右者。

文物學家汪慶正說，成功收藏家兼備雄厚財力、銳利眼力和頑強毅力。記得有次他與我談論張伯駒時說，那時出入廠肆古玩舖大有人在，京城比張氏有錢的人亦多，何以他能藏得《平復帖》《遊春圖》，甚至不惜賣宅易畫？——先生更講究"眼格眼光"，雖因"窘於資"而與名貴善本交臂失之，有年除夕自嘲"懷中僅餘2元，昔羅癭公甲子卒歲僅餘1元，餘已較勝之矣"，一次見朵雲軒新進一包簠齋拓贈吳大澂的古匋文，議價未合，數日再往，知已售謝國楨；無力購置徐乃昌遺藏，却極力推薦華東師大收藏。但碑帖專家仲威在觀賞北山樓藏品後評介"種類齊全、富藏墓誌、型製多樣、專藏聚集和專業整理等幾大特點"，在在體現了先生以"學力"彌補"財力"，別具一格、獨出心裁的如炬"眼力"及鍥而不捨的"毅力"，在曬臺上搭建的北山樓只有6平方米，却收藏兩千餘件碑帖拓片；在這簡陋環境中，他將藏品整理分類，題識標注，進一步研究，撰寫了一系列著作。

潘思源"前言"中簡述收藏經過，我讀至尤感於其心懷"今北山樓藏品告急，令人扼腕心疼"之情，為免遭流散之厄，毅然出資購入，"辟專室儲之寶之"，可謂保護北山樓藏品之功臣，為這批藏品流傳有序開啟奠基性的貢獻。正如王興康讚其"對中華傳統文化的熱愛"——"余慕蟄存先生文名久矣，睹物思人，益增對其學識人品之仰慕，恨不能起地下與之請益，日夕忻晤，如直面先生之聆教"。如是感情之語，非常珍貴。值得一提，書末采擷北山樓收藏之印，亦為特色。既有前代鈐印，如陶齋、隨庵、涉園、鴛鴦七志齋、梯雲樓等，還有北山樓印記，如"施舍讀碑記""吳興施舍所得古金石磚瓦文"等，應似前賢飛鴻印雪，展現了流傳有序的文獻價值，可見編輯用功之細。

摭憶之餘，吁求如能在《施蟄存北窗碑帖選萃》順利出版後而繼起，精心編製北山樓藏品目錄，留存一份重要的成果記錄。同時，能從其藏品入手，對"北窗"之學，包括先生長期致力於輯錄校訂歷代金石史料等方面的學術成就，進行全面深入整理、總結和研究，也是對先生繼清代錢竹汀以金石攷史、民國羅振玉以金石治文字學之後，在這一學術與藝術結合領域上的創造性成果的關注和保護。

原載《新民晚報·夜光杯》2013年3月17日

附錄八

關於《施蟄存集古文錄》選編設想

[**解題**] 閒來翻檢電腦存夾，歷年擬編"設想"累積多個存夾，一一蹦跳，大多是癡想，有的純屬一閃念，寫成計劃即完；而有的呢，拿出去投稿，"碰壁"作罷。忽然又見到這份"設想"，仿佛兒時玩耍"吹泡泡"，晶瑩透亮的泡泡飛舞，五光十色，絢麗多彩，一會兒撲哧消失，卻至今留下美好憶念。記得2011年后相繼印出兩本拙編施先生著作，在2013年拙著《施蟄存先生編年事錄》印行後，便全力投入到選編兩部書稿，其一《施蟄存詩卷》，編成迄今能收錄到的、集施先生所作新詩、舊體詩詞和譯詩，包括与友人唱和詩稿等，並作校勘，分為卷上"作品卷"、卷下"資料卷"兩部；其二就是這部"設想"的《施蟄存集古文錄》。光陰荏苒，這兩個計劃皆為"成功之母"。雖然這份猶如美麗"泡泡"似的"關於《施蟄存集古文錄》設想"並非完善，因當年曾聞尚有三稿，一《甂碑雜錄》，一《吳越金石誌》，一《洛陽龍門山北魏造像五十品集釋》，無奈闕如。前兩年《甂碑雜錄》浮出水面，承友人相助見到，亦迩來快意事。現

在，借此以文本形式留存"北山楼金石遺迹"之際，這份"設想"無疑可視為一種"遺迹"，也是我的一種"見知輯目"，作為原汁原味的資料性附錄，似乎"泡泡"化為暴雨後的彩虹，或如壺口、黄果樹瀑布之彩虹，壯觀哉。

一、總書名：《施蟄存集古文錄》 施蟄存著　沈建中編
二、分卷内容：

卷一：《北山樓讀碑記》（上、下冊）

輯錄先生歷年鑒賞碑版隨手札記，所作題跋。每篇均附圖版拓片，以一文一圖的形式。

卷二：《我的治碑生活——施蟄存致友人書簡》

輯錄先生致崔耕書簡七十餘通，並附錄李白鳳、沙孟海、唐蘭、周紹良、陸維釗、陸澹安、張萬鈞等人談有關金石研究的書簡。

卷三：《施蟄存說金石》

《金石叢話》以中華書局1991年初版為底本，並改正誤字；《金石百詠》為一百首賞析金石碑版文物的七言絕句。均附相關插圖。

卷四：《唐碑百選》

選取一百塊書法佳妙的唐碑，加以敘說，有"敘錄"及"集評"，每碑精選插圖二至四張。

卷五：《漢碑敘錄》

《漢碑碑跋》：輯錄先生鑒賞漢碑所作題跋，稽攷史籍中有關漢碑的記載，每一篇均附碑拓圖片。

《漢碑年表》：根據搜集新舊漢碑拓本所編漢碑年表，並附相關碑版拓本局部圖錄。

卷六：《諸史徵碑錄》（上、下冊）

《後漢書》《隋書》《三國志》《魏書》《北齊書》《北周書》《陳書》《晉書》《齊書》《蠻書》，凡十史，摘錄其碑刻記錄，為之攷索，著其存佚。

卷七：《水經注碑錄》

《水經注》著錄古碑二百八十餘事，一一為之攷釋。

卷八：《碑目叢鈔》（上、下冊）

輯錄摘鈔唐、宋、元圖經地志中之碑目，如《元和郡縣志》《太平寰宇記》《北道勘誤志》《嚴州圖經》《六朝事蹟編類》《元一統志》《吳郡志》《吳地記》，以及《二銘草堂金石聚》，並附摘錄《洪適碑跋》和嚴可均《全梁文》錄目。

卷九：《金石遺聞》（上、下冊）

鈔輯唐宋以下筆記雜著中有關金石碑刻之記載，匯為一編。

卷十：《無相庵金石叢稿》（上、下冊）

《雲間碑錄》：嘉慶松江府志著錄雲間碑刻，乃據《至元嘉禾志》而增補，猶有遺誤，為之增補校核。

《杭州石屋洞題名》：杭州石屋洞造像，開鑿於吳越，止於宋初。造像各有題名，據曾得全份拓本，因著錄之，視較羅振玉所錄為富。

《墨妙亭玉筍題名》：湖州墨妙亭下有太湖石，曰"玉筍"，刻宋人題名。此石明萬曆中為郡守吳氏取去，歸鄂州，置其白雪樓下。據曾得拓本四軸（古杭陳氏故物），因錄其文。

《輯補寶刻類編》：宋人所編寶刻類編原書久佚，今本乃從永樂大典輯錄。然大典本已缺失"名臣類十三之三"一卷，故今本自天寶至肅代兩朝書家及碑目仍付闕如。為此，搜索宋人碑版著錄，補輯遺佚，使此書得成完璧。

《洛陽龍門山唐人造像三十品集釋》：選輯數品碑錄。

《金石詩目》。

卷十一：《四續寰宇訪碑錄》

自孫星衍作《寰宇訪碑錄》，趙之謙續之，羅振玉再續之，劉聲木三續之，茲著錄民國以來新出碑目，曰"四續寰宇訪碑錄"。

卷十二：《趙孟頫石墨誌》

趙孟頫書跡石刻甚多，為編目錄一輯，並附圖錄。

附卷：北山樓金石碑版之鑒藏（沈建中著）

《北山樓藏碑簡目》（沈建中輯錄）

《北山樓藏金石小品圖錄選》（沈建中輯錄）

《北山樓藏金石拓本諸家題識鈔》（沈建中錄存）

另附錄本人多年來为施蟄存先生金石研究编集所作後記等有关文章數篇。

沈建中寫於2014年8月